Grenzgängerin

EVELYNE BINSACK

GRENZ-GÄNGERIN

Ein Leben für drei Pole

Geschrieben von Doris Büchel

WÖRTERSEH

Wörterseh wird vom Bundesamt für Kultur mit einem Strukturbeitrag für die Jahre 2016 bis 2020 unterstützt und dankt herzlich dafür.

Alle Rechte vorbehalten, einschließlich derjenigen des auszugsweisen Abdrucks und der elektronischen Wiedergabe.

© 2017 Wörterseh, Gockhausen
2. Auflage 2017

Lektorat: Andrea Leuthold, Zürich
Korrektorat: Brigitte Matern, Konstanz
Fotos Umschlag und Bildteil: Privatarchiv Evelyne Binsack
Bildbearbeitung: Michael C. Thumm, Blaubeuren
Umschlaggestaltung: Thomas Jarzina, Holzkirchen
Karten, Layout, Satz und herstellerische Betreuung:
Beate Simson, Pfaffenhofen a. d. Roth
Druck und Bindung: CPI – Ebner & Spiegel, Ulm

Print ISBN 978-3-03763-093-8
E-Book ISBN 978-3-03763-739-5

www.woerterseh.ch

»Die Ernte von Erfahrungen ist Erkenntnis.«
EVELYNE BINSACK

INHALT

Prolog   9

Intro   13
Nach Mount Everest und Südpol   15
Die Vorbereitung   31

Etappe 1   39
Von Geissholz bis ans Nordkap mit dem Fahrrad

Etappe 2   59
Auf der Nansen-Route quer durch Grönland

Etappe 3   79
Spitzbergen im Alleingang, ein Versuch

Etappe 4   127
Auf zum Nordpol

Über den Nordpol hinaus   193

Epilog   201

PROLOG

Metamorphose

Daheim bin ich Evelyne Binsack, die Bergführerin. Hier habe ich mein Haus, meine Freunde, meine Arbeit, halte Referate, gehe auf Skitouren, klettere. Manchmal bereite ich mich auf eine Expedition vor, und es kommt der Tag, an dem ich meinen Alltag und die Verpflichtungen hinter mir lasse und aufbreche. Ich bin dann zwar physisch unterwegs, in meinen Gedanken aber immer noch in meinem Haus, mit meinen Freunden, bei meiner Arbeit – alles haftet noch an mir.

Unterwegs kenne ich nur den Ausgangspunkt und das Ziel. Dazwischen lasse ich mich von meinem Gefühl leiten. Wenn ich möchte, halte ich an, betrachte, verweile, ab und zu klettere ich auf einen Berg. Oft bekomme ich unterwegs Nachrichten von Menschen, die mich fragen: »Was ist dein Plan für heute, Evelyne?« oder »Wie viele Kilometer legst du heute zurück?«. Dann habe ich ein schlechtes Gewissen, denn ich weiß es nicht. Ich weiß nichts. Ich nehme es, wie es kommt. Das bedeutet aber nicht, dass ich in den Tag hinein lebe. Es ist nur so, dass ich gern spontan entscheide. Dadurch bekomme ich ein Gefühl für das Unterwegssein.

Je weiter ich mich von daheim entferne, desto mehr bin ich den Umständen ausgesetzt, die mich auf meinen Reisen umgeben: Hitze, Kälte, Sturm, Hunger, Gefahren. Um all das zu erdulden, streife ich mein altes Leben langsam ab, Schicht um Schicht, so lange, bis nur noch meine Persönlichkeit übrig bleibt, pur. Dieser Übergang ist mit viel Schmerz verbunden. Schließlich verlasse ich jemanden, der mir lieb ist. Ich werde sehr empfindsam und empfänglich. Aber nicht nur in Zusammenhang mit Negativem, sondern vor allem in Bezug auf die Pracht dieser Welt. Vielleicht hat es auch damit zu tun, dass ich die meiste Zeit im Zelt auf dem Boden schlafe? Das ergibt eine starke Verbindung zwischen mir und Mutter Erde.

Dann bin ich diese neue Person, mehr Tier als Mensch, nehme mich nicht mehr als Individuum wahr, sondern als Teil des Ganzen. Mein Verstand ist wach, meine Sinne sind geschärft, in einer Notsituation gibt es nur noch drei Möglichkeiten: Angriff, Flucht oder mich tot stellen. Das ist der pure Instinkt. Auch die Tiere reagieren anders auf mich. Sie verstecken sich nicht mehr vor mir, sind vielmehr neugierig. So wie damals: Ich war mit dem Fahrrad unterwegs zum Nordkap – der ersten meiner vier Etappen auf dem Weg zum Nordpol –, als plötzlich eine Elchkuh und ein Elch aus dem Nichts auftauchten. Es war sehr früh am Morgen, es regnete leicht, und ich war spät dran, denn ich wollte unbedingt die nächste Fähre erwischen, weshalb ich heftig in die Pedale trat. Vermutlich hatte ich die Tiere aufgeschreckt, doch sie flüchteten nicht vor mir, sondern galoppierten eine ganze Weile neben mir her. Ihr geschmeidiger Gang, ihre reine Gegenwart ließen mich meine Eile vergessen. Es existierte nur noch das Hier und Jetzt. Die absolute Präsenz. Glück. Daran denke ich manchmal, wenn mich Menschen nach *dem* schönsten, *dem* härtesten, *dem* besten Moment meiner Expeditionen fragen. Nein, es war nicht nur die

Ankunft auf dem Gipfel des Mount Everest und auch nicht, als ich den Südpol oder den Nordpol erreichte. Es waren die kleinen, feinen, vermeintlich gewöhnlichen Momente, die einerseits kaum der Rede wert, andererseits aber so unglaublich wertvoll sind.

Irgendwann komme ich wieder heim und durchlaufe dieselbe Phase, in umgekehrter Reihenfolge. Ich bin dann Evelyne Binsack, die Abenteurerin. Hart im Nehmen, gleichzeitig verletzlich.

Ich erinnere mich an einen Abend – ich war noch nicht lange zurück von meiner 484-tägigen Expedition zum Südpol –, an dem ich nach einem meiner Referate aus dem Saal kam und den Vollmond erblickte. Er strahlte mich an, und wie ich so dastand und mich in seinem bleichen Rund verlor, fühlte ich mich, als würde man mir mein Herz aus der Brust reißen. Einfach, weil mich der Mond in jenem Moment so sehr an die prägende Zeit erinnerte, als ich allein in der endlosen Weite unterwegs war. Weil ich realisierte, wie sehr ich mich nach dieser Verbundenheit mit dem Himmel, der Erde und den Tieren zurücksehnte. Und weil ich die Stille vermisste. Die Stille in meinem Kopf. Denn hier finde ich sie nicht. Diese Welt ist laut. Und rau. Rauer als jeder Sturm in der unendlichen Weite der Arktis oder der Antarktis. Der Sturm dort ist auch rau und unerbittlich. Er zeigt mir meine Verletzlichkeit auf. Aber auf meinen Expeditionen lebe ich mit dieser Verletzlichkeit. Sie ist ein Teil von mir. Ich nehme sie an, wie sie ist. Sie ist keine Schwäche. Und wenn sich der Himmel mitten im Sturm wieder auftut und das Wetter Erbarmen mit mir zeigt, dann erzeugt das in mir eine unendliche Dankbarkeit und Demut.

Ist das Unterwegssein nicht ein Ur-Antrieb, der in jedem von uns schlummert? Sind wir nicht alle Nomaden? Und Pilger? Kommt nicht daher diese diffuse Sehnsucht, die so viele von uns umtreibt? Weil wir vom Ur-Instinkt her Reisende sind? Wir wissen um unsere Verletzbarkeit, wenn wir unterwegs sind. Das sind die Momente, in denen wir uns nahe sind, offen und empfindsam. Nur: Wenn wir aufbrechen, um dieses Gefühl zu finden, dann kommen wir nicht in diese Empfindung hinein. Wir können nur in etwas Neues aufbrechen, wenn wir das Alte hinter uns lassen. Zu Pilgern werden und zu Nomaden. Zu dem, was wir seit Jahrtausenden sind.

INTRO

Der Schuss fällt am 11. April 2017 um 10.55 Uhr. Er hallt noch immer in mir nach. Der Eisbär zuckt zusammen, wendet sich ab, flieht in die entgegengesetzte Richtung, bleibt abrupt stehen, schüttelt seinen mächtigen Kopf und verschwindet in langen Schritten, taumelnd, hinter den Eisblöcken und damit aus unserem Blickfeld. Ich schalte die Kamera aus. Entsetzen in meinen Augen, Adrenalin in meinem Blut. Ich kann nicht glauben, dass Dixie gegen alle Regeln verstoßen und Pavel, nach nur einem einzigen Warnschuss, befohlen hat, auf den Eisbären zu schießen. Ich gehe zu den Fußspuren des Bären, sehe vereinzelte Blutstropfen im Schnee. Marin fragt Dixie, ob der Bär überleben wird, und Dixie, als könnte er dies wissen, sagt Ja. Mir ist schlecht.

NACH MOUNT EVEREST UND SÜDPOL

Seit ich 2001 den Gipfel des Mount Everest bestiegen und 2007 den südlichsten Punkt der Erde erreicht hatte, träumte ich davon, auch den dritten Pol, den Nordpol, zu begehen. Lange glaubte ich allerdings nicht mehr daran, noch einmal die mentale Kraft und die geistige Stärke aufbringen zu können, um erneut die Bereitschaft für ein Abenteuer von diesem Format zu generieren. Bevor ich mich damals, am 10. November 2007, zu meiner letzten Etappe von Patriot Hills über Hercules Inlet bis zum Südpol aufmachte, hatte ich mich innerhalb von kurzer Zeit bewusst von 61 auf 72 Kilogramm hochgefuttert. Ich war bereits 430 Tage lang unterwegs und hatte ursprünglich geplant, für den Endspurt zum Südpol noch schwerer zu werden. Ich wusste, ich würde die zusätzlichen Pfunde benötigen, würde ich doch auf dem beschwerlichen Weg von 1200 Kilometern durch die Antarktis viel Gewicht verlieren. Mein Körper reagierte prompt auf die drastische Gewichtszunahme. Der Stoffwechsel rebellierte, meine Ausdünstung veränderte sich, ich begann zu stinken. Nein, ich mochte dieses neue Körpergefühl überhaupt nicht, wusste aber, dass mir die zusätzlichen Kilos auf meinen Hüften unter Umständen das Leben retten würden. Tatsächlich verlor ich während jener Etappe innerhalb von fünfzig Tagen rund vierzehn Kilos, sodass ich bei meiner Ankunft am Südpol, bei einer Körpergröße von 1 Meter 78, nur noch 58 Kilogramm wog. Für meinen Körper war dies ein erneuter Schock, den es zu verdauen galt. Es dauerte ungefähr ein halbes Jahr, bis er sich erholt und wieder bei seinem Wohlfühlgewicht eingependelt hatte.

Doch nicht nur der Körper rebellierte. Nach meiner Rückkehr in die Schweiz stellte ich an mir weitere Veränderungen fest. Ich war auf dem Weg zum Südpol täglich zehn, manchmal zwölf Stunden unterwegs gewesen, dies unter enormen körperlichen Anstrengungen und bei unerbittlicher Kälte. Oft war ich erschöpft und hungrig, ich fror, und irgendetwas schmerzte immer. Mal war es die Achillessehne, ein anderes Mal waren es die Druckstellen an Schultern oder Hüften vom Ziehen des hundert Kilogramm schweren Schlittens. Auch die Psyche liebte es, mir unterwegs Streiche zu spielen. Sie zauberte verführerische Bilder in meinen Kopf von Erdbeertörtchen oder mit Puderzucker bestäubten Waffeln und redete mir ein, ich sei die bemitleidenswerteste Frau der Welt, weil ich dem Wind, der Kälte und der endlosen Weite der Antarktis ausgesetzt war. Hörte ich auf sie, wurde jeder Schritt noch mühsamer, der Schlitten noch schwerer und die eisige Kälte kroch noch tiefer in mich hinein.

Aus Erfahrung wusste ich: Negative Gedanken ziehen mir Energie ab, positive Gedanken wirken sich positiv auf meine mentale Verfassung und somit auch auf meine Schmerzen aus. Denn wie sehr ich mich auch selbst bemitleidete, es änderte nichts an der Tatsache, dass ich war, wo ich war: in der eisig kalten Antarktis. An dem Ort, den ich mir selber ausgesucht hatte. Der mich magisch anzog. Mich in seiner Schönheit und Anmut faszinierte. Beseelte. Paradox, ich weiß.

Ich gewöhnte mir das Beten an. Das Rezitieren einzelner Sätze half mir, in einen Geh-Rhythmus zu kommen und meine

Gedanken in eine positive Richtung zu lenken. Den Rhythmus des Gebetes verband ich mit dem Rhythmus meiner Schritte. Je schneller ich ging, desto schneller rezitierte ich in Gedanken die Sätze, je langsamer ich ging, desto langsamer wiederholte ich sie.

Atme in mir, Heiliger Geist,
dass ich Heiliges denke.
Dränge mich, Heiliger Geist,
dass ich Heiliges tue.
Locke mich, Heiliger Geist,
dass ich Heiliges liebe.
Stärke mich, Heiliger Geist,
dass ich Heiliges hüte.
Behüte mich, Heiliger Geist,
dass ich das Heilige nie mehr verliere.

Gebete wie dieses habe ich als Kind von meiner Mutter gelernt. Sie haben mich geprägt. Und obwohl ich nicht im katholisch anerzogenen Sinn religiös bin, taten sie mir gut. Sie halfen mir auf meinem Weg ans Ziel. Denn manchmal, wenn ich lange unterwegs und in negativen Gedanken gefangen war, war alles Ewigkeit. Das Beten half. Je öfter ich die Sätze wiederholte, desto mehr gab ich Raum, Zeit und Schmerz aus meinen Händen. Ich wiederholte die Sätze so lange, bis ich daran glaubte: Alles wird gut.

Vielleicht war ich nach meiner Expedition zum Südpol in einem Stadium, in das auch Mönche mit der Zeit gelangen. Denn wieder daheim, fühlte ich mich wie gehäutet, durchgeputzt, sowohl im Geist wie auch im Körper. Die Folge war, dass ich nach dieser langen Zeit in der Einsamkeit und Stille der Antarktis schlicht überfordert war von den vielen äußeren Einflüssen, die hier auf mich einprasselten. So richtig realisierte ich diese Empfindsamkeit, als ich mit meiner Schwester Jacqueline in einem Restaurant zum Nachtessen war. Es war vielleicht drei Wochen nach meiner Rückkehr vom Südpol, wir hatten uns viel zu erzählen, doch anstatt mich auf das Gespräch zu konzentrieren, nahm ich alles andere wahr: das Rattern der Kasse, das Scheppern der Hintergrundmusik aus dem Radio, das Rauschen des Kühlschranks in der Ecke, das Gelächter der anderen Gäste. Bald wurde mir alles zu viel. Ich schloss mitten in der Unterhaltung die Augen. Wie aus der Ferne hörte ich die Stimme meiner Schwester. Sie fragte: »Evelyne, wo bist du?«, und ich antwortete ihr, dass ich einen Moment für mich brauche. Ich versuchte, mich nur auf meinen Atem zu konzentrieren, dann beruhigte ich mich wieder.

Erfahrungen dieser Art häuften sich, und es wurde mir fast unmöglich, in ein Restaurant oder überhaupt unter Menschen zu gehen. Die Blicke, Bewegungen und Emotionen der anderen schienen mich ungefiltert zu treffen. Es war, als würde ich die Absichten der Menschen erkennen, bevor sie etwas sagten oder taten. Diese Welt überforderte mich. Sie war laut. Sie war rau. Sie war hektisch. Und immer mehr beschäftigte mich die Frage: Bin ich in diesem Zustand überhaupt noch gesellschaftsfähig? Die ehrliche Antwort lautete wohl: Nein, das bin ich nicht. Trotzdem hatte ich zu funktionieren. Mein Bankkonto war leer, ich musste ein neues Referat vorbereiten, eine Vortragstour organisieren, bei Medienveranstaltungen auftreten, mein Backoffice in Ordnung bringen, zurück in den Alltag finden. Um meine diffusen Empfindungen wollte ich mich später kümmern. Doch je mehr Zeit verging, desto mehr legten sich die äußeren Einflüsse darüber wie ein schwerer Teppich. Ich passte mich langsam wieder an, machte weiter. Es wurde besser. Ich funktionierte.

Gasherbrum II
Juni 2010

Der dritte Sommer nach meiner Expedition zum Südpol hielt eben erst Einzug, als ich beschloss, wieder einmal einen Achttausender zu erklimmen. Ich entschied mich für den Gasherbrum II in Pakistan, der mit seinen 8034 Metern zwar der dreizehnthöchste Berg der Welt, aber doch einer der kleineren Achttausender ist. Mit ihm wollte ich meine Höhen-Bergsteiger-Ära gebührend abschließen. Ich hatte damals den Eindruck, in meinem Leben genug Zeit in Basislagern vertan und auf gutes Wetter gehofft zu haben.

Ich flog also von der Schweiz nach Islamabad und von dort aus weiter mit einem kleineren Flugzeug nach Skardu, dem Hauptort der Region Baltistan, gelegen auf einem rund 2500 Meter hohen Plateau. Weiter ging es über den berühmt-berüchtigten Karakorum-Highway nach Askole. Ich mietete einen Jeep samt Fahrer, der mich innerhalb von zwei Tagen sicher über die ewig lange Fernstraße ruckelte, die Pakistan mit China verbindet und an den exponiertesten Stellen mit ihren senkrechten Abgründen eher der Vorhölle als einer Straße gleicht. Von Askole aus, einem kleinen Dorf im Braldu-Tal, machte ich mich zu Fuß auf den Weg zum Basislager. Die Gegend war nicht etwa bunt und lieblich wie in Nepal, sondern vielmehr rau, grau, staubig, karg. Eigenwillig und ungezähmt wand sich der Fluss Shigar talabwärts. Entlang des Weges ragten schroffe Klippen imposant und mächtig in den Himmel, fast so, als würden sie für mich Spalier stehen. Vier Tage lang dauerte der eindrückliche Fußmarsch durch dieses Gebirgstal, das den Ruf genießt, das spektakulärste der Welt zu sein. Dann kam der Einstieg auf den Baltoro-Gletscher und weitere zehn Tage später, endlich, die Ankunft im Basislager.

Obwohl ich aus logistischen und finanziellen Gründen mit einer internationalen Expedition zusammenarbeitete, war ich allein mit meinem pakistanischen Begleiter »Little Hussain« unterwegs, einem kleinen, knorrigen, aber sehr starken und zuverlässigen Hochträger aus dem Volk der Baltis. Mit ihm zusammen wollte ich den Gipfel erreichen. Noch hatte jeder von uns sein eigenes Zelt; ein Luxus, den ich uns in den ersten Tagen der Akklimatisationsphase gönnte. Grundsätzlich geht es für einen Muslim nicht, mit einer Frau, mit der er nicht verheiratet ist, im selben Zelt zu schlafen. Aber erstens gelten am Berg andere Regeln, und zweitens sind die Baltis in dieser Hinsicht ein unkompliziertes Volk. Sicher war auch Little Hussain froh über die Privatsphäre, schließlich würden wir noch genug Zeit zusammen verbringen. Der Plan war, nach ein paar Tagen im Basislager zur ersten Akklimatisierung ins Lager 1 aufzusteigen.

Ich hatte mich enorm auf diesen Berg gefreut, bemerkte aber schon im Basislager, dass meine innere Motivation fehlte. Ich kenne mich und weiß, dass ich zu Beginn einer Bergbesteigung am liebsten explodieren möchte vor Freude. Doch dieses Mal fehlte diese gewaltige Kraft, die mich normalerweise auf den Gipfel zieht. Stattdessen fühlte ich eine innere Unruhe, die zunehmend stärker wurde. Sie begleitete mich auch nachts im Zelt und hinderte mich am Einschlafen. Aus der inneren Unruhe wurde ein Herzrasen, meine Hände schwitzten, mir wurde heiß, dann wieder kalt. Die Situation war neu für mich und traf mich völlig unerwartet. In meiner Verzweiflung fing ich an, mir Erklärungen für diese eigenartigen Symptome auszudenken. Reagierte ich deshalb so intensiv, weil ich den Berg und die zum Gipfel führende Route noch nicht kannte? Weil ich nicht wusste, was auf mich zukommen würde? Wie viele Gletscherspalten es gäbe und wo diese waren? Ob wir von den mächtigen Staub- und Schneebrettlawinen verschont bleiben würden?

Trotz einer weiteren schlaflosen Nacht stand ich wie geplant morgens um vier Uhr auf und zwang mich dazu, eine Kleinigkeit zu essen. Meinen Rucksack hatte ich schon am Vorabend gepackt. Bei Finsternis machten wir uns auf zum Lager 1. Bald erreichten wir in einem Talkessel das Hochplateau, auf dem sich die mächtigen Sieben- und Achttausender im Halbkreis aneinanderreihten wie in einem Amphitheater. Es schien, als wollten sie uns sagen: »Seht her, wie schön, stolz und mächtig wir sind!« Das war auch der Moment, als ich zum ersten Mal den Gasherbrum II sah, diesen wunderschönen Berg, ein ästhetisches Meisterwerk der Schöpfung. Einladend sah er aus, wohlgesinnt, eine ebenmäßige Pyramide, von der ich meine Augen nicht mehr abwenden wollte. Je höher wir stiegen, desto mehr entspannte ich mich. Jetzt sah ich es mit eigenen Augen: Die Verhältnisse am Berg waren größtenteils gut. Einzig in der Passage zwischen Lager 1 und Lager 3 herrschte noch Lawinengefahr. Den Rest konnte ich von den Risiken her als relativ harmlos einstufen. Nach insgesamt fünf Stunden Aufstieg erreichten wir Lager 1. Gemeinsam stellten wir unsere Zelte auf, sicherten sie gegen Sturm und machten uns nach einer kurzen Rast auf den Weg zurück ins Basislager. Die erste von drei Akklimatisationstouren war geschafft. Ich war beruhigt.

Die Akklimatisationsphase ist sehr wichtig, um den Körper langsam an einen Achttausender anzupassen. Steigt man nämlich ohne oder mit ungenügender Akklimatisation zu schnell in hohe Höhen auf, erkrankt der Körper an einem Lungen- oder Hirnödem. Diese Krankheit endet meist tödlich, wenn der Bergsteiger es nicht rechtzeitig schafft, in tiefere Lagen abzusteigen. Die Akklimatisationsphase beinhaltet in der Regel drei Zyklen, in denen man am Berg gleichzeitig das vorgeschobene Basislager und die Hochlager aufbaut.

Akklimatisationszyklus 1 von 3
– Drei oder vier Tage Aufenthalt im Basislager auf rund 5000 Meter Höhe.
– Aufsteigen zum Lager 1 (identisch mit vorgeschobenem Basislager, auch »Advanced Base Camp« oder kurz ABC genannt), Lager 1 einrichten und ohne übernachten zurück ins Basislager.
– Zwei, drei Tage zum Ausruhen im Basislager verweilen.

Akklimatisationszyklus 2 von 3
– Aufsteigen zum Lager 1, einmal übernachten, aufsteigen zum Lager 2, Lager 2 einrichten, ohne übernachten zurück zum Lager 1, zweimal im Lager 1 übernachten, absteigen ins Basislager.
– Drei, vier Tage im Basislager verweilen.

Akklimatisationszyklus 3 von 3
– Aufsteigen zum Lager 1, einmal schlafen im Lager 1, aufsteigen zum Lager 2, einmal im Lager 2 übernachten, aufsteigen zum Lager 3, Lager 3 einrichten und in der Regel einmal im Lager 3 übernachten.
– Dann entweder ins Lager 2 absteigen, noch einmal im Lager 2 übernachten oder – wenn man sich nicht so gut fühlt – Abstieg zurück ins Basislager.

Gipfelanstieg
1. Tag: Aufsteigen zum Lager 1, dort übernachten.
2. Tag: Aufsteigen zum Lager 2, dort übernachten (oder bei sehr guter physischer und mentaler Verfassung direkt Aufstieg von Lager 1 zu Lager 3).
3. Tag: Aufsteigen zum Lager 3, dort übernachten.
4. Tag: Aufsteigen auf den Gipfel und danach, wenn möglich, direkter Abstieg ins Basislager.

Bevor wir also drei Tage später für den zweiten Akklimatisationszyklus erneut zum Lager 1 aufstiegen, überkamen mich nachts wie aus dem Nichts wieder dieselben Symptome. Nun machte es absolut keinen Sinn mehr. Ich kannte ja alle möglichen Gefahren und wusste, dass ich fähig war, diesen Berg zu besteigen, sofern ich gesund blieb, das Wetter mitspielte und die Lawinensituation nicht zu gefährlich wurde. Ich versuchte zu schlafen, doch mein Herz raste. Mir war heiß, dann wieder kalt, und ich verspürte absolut keine Freude. Im Gegenteil. Ich konnte mir einfach nicht erklären, warum mein Körper derart mit Stress und Panik reagierte. Doch unterkriegen ließ ich mich nicht. Um zwei Uhr morgens machten wir uns in der Dunkelheit auf den bereits bekannten Weg über den Gletscher Richtung Lager 1, wo wir eine Nacht bleiben wollten, um am folgenden Tag weiter zum Lager 2 hochzusteigen. Der Aufstieg verlief problemlos. Als wir unser Tagesziel erreicht und unser Camp bezogen hatten, kochte ich Schnee zu heißem Wasser auf und aß eine Kleinigkeit. Kurz darauf musste ich mich heftig übergeben. Später kam Durchfall dazu, und alles fing von vorn an: Herzrasen, Schweißausbrüche, Panik.

Unabhängig von dieser Expedition geriet mir vor meiner Reise nach Pakistan das Buch »Intelligente Zellen« in die Finger. Ein

Buch darüber, wie Erfahrungen unsere Gene steuern. Darin beschreibt der Zellbiologe Dr. Bruce Lipton, wie unser Denken und Fühlen bis in jede einzelne unserer Zellen hineinwirkt und wie dies auf molekularer Ebene vor sich geht. Mich faszinierte dieses Buch, weil es in einer – für Laien wie mich – verständlichen Sprache erklärt, wie unser physisches Dasein auch unsere DNS bestimmt und sich alle sieben Jahre sämtliche Zellen in unserem Körper völlig neu zusammensetzen. Ich realisierte, dass das Südpol-Erlebnis vor zwei Jahren in der Antarktis nicht spurlos an mir vorbeigegangen war, und verstand, dass jede Zelle meines Körpers aufgrund der enormen Verausgabung am Südpol traumatisiert sein musste. Ja, ich war damals dem Erschöpfungstod nahe gewesen, nahm ihn als reale Präsenz wahr. Aber ich überlebte, kam zurück in die Schweiz, in meinen Alltag, erholte mich. Das am Südpol Erlebte wurde in den Hintergrund verdrängt. Dank dem Buch, das mir jetzt wieder in den Sinn kam, sah ich plötzlich die Zusammenhänge und verknüpfte, was ich gelesen hatte, mit meiner eigenen Geschichte: Mein Körper spürte, dass aufgrund meines Plans, einen Achttausender zu besteigen, wieder eine Grenzbelastung auf ihn zukommen würde. Davor wollte er sich schützen. Deswegen reagierte das vegetative Nervensystem in dieser Intensität!

Als Little Hussain morgens um sechs Uhr wie vereinbart an mein Zelt kam, um mich abzuholen, erklärte ich ihm, wir würden erst um acht losgehen. »Geh zurück in dein Zelt und schlaf noch ein bisschen«, sagte ich.

Er war irritiert, wir wussten beide, dass es keinen Sinn machen würde, abzuwarten. Das Wetter passte perfekt. Würden wir später starten, würde die Sonneneinstrahlung im Steilhang unterhalb vom Lager 2 stärker und damit die Gefahr eines Lawinenabgangs höher. Ich brauchte aber diese zwei Stunden, um mich definitiv zu entscheiden. Als Hussain pünktlich um acht Uhr zurückkam, sagte ich: »Etwas ist nur schwierig, solange man sich nicht entschieden hat. Ich habe mich entschieden: Ich kehre um!« Ich sagte ihm auch, dass ich ihm trotzdem das volle Honorar bezahlen würde. Er verstand die Welt nicht mehr, begann, mir Optionen aufzuzeigen. Meine Antwort fiel kurz aus: »Nein, ich breche ab.«

Wortlos stiegen wir ab ins Basislager, wo ich ihm sein Honorar für zwei Monate auszahlte, und gingen dann den langen Weg zurück nach Skardu. Dort hatte er das Glück, einen neuen Kunden zu finden, mit dem er den Gipfel doch noch besteigen konnte. So kam Little Hussain in jenem Jahr zu seinem doppelten Lohn, was ich ihm sehr gönnte. Ich hingegen flog zurück in die Schweiz. Ich konnte mir und meinem Körper eine derartige Belastung und Herausforderung nicht mehr zumuten. Und mit dieser Erkenntnis wurde mir schlagartig klar: Mein ursprüngliches Ziel, mein lang gehegter Traum, nach dem Everest und dem Südpol auch den Nordpol zu begehen, konnte ich vergessen. Mein dritter Pol war für mich Geschichte. Definitiv.

Gehirnerschütterung
April 2011

Monate später zog ich mir bei einem unverschuldeten Unfall eine Gehirnerschütterung zu. Der Sachverhalt war klar, aber die Versicherung sah es anders. Ich besorgte mir einen Anwalt, um für mein Recht zu kämpfen. Obwohl Kämpfen in meinem Fall eher »Ertragen« bedeutete. Ertragen, dass Tatsachen verdreht wurden. Ertragen, dass ich mich gegen Unwahrheiten wehren musste. Der ganze Prozess belastete mich sehr. Ich wurde in eine Welt katapultiert, in der es nicht mehr um Recht und gesunden Menschenverstand ging, sondern nur noch darum, von anderen ausgetrickst zu werden. Als ich mich so weit erholt hatte und mir meine Gesundheit erlaubte, wieder mit leichtem Joggen anzufangen, kam ich beim Training an einem alten Bauernhaus vorbei, auf dessen Fassade ein Satz aufgemalt war: »Allen, die mich kennen, geb' Gott, was sie mir gönnen.« Dieser Schutzspruch ließ mich nicht mehr los. Ich wiederholte ihn in Gedanken fortan jedes Mal, wenn ich wieder in ein Loch zu fallen drohte. »Allen, die mich kennen, geb' Gott, was sie mir gönnen.« So konnte ich mich jeweils ein bisschen beruhigen.

Die Erfahrung, dass mein Unfall von Anwälten anders ausgelegt wurde, als ich ihn erlebt hatte, und die Tatsache, dass mein Körper am Gasherbrum II die Bereitschaft für Extremleistungen verweigert hatte, war für mich eine völlig neue Erfahrung, die mir zu schaffen machte. Immer konnte ich mich bisher auf meinen starken Willen verlassen. Er war meine wichtigste Kraft, meine unerschöpfliche Energiequelle. Nun schwand er dahin. Die Frage »Was ist Willenskraft und woher kommt sie?« ließ mich nicht mehr los, und so reifte in mir die Idee, dem Thema einen Dokumentarfilm zu widmen. Ein Jahr lang wollte ich das Handwerk des Filmemachens erlernen und fand nach einigem Recherchieren eine Schule, die meinen Vorstellungen entsprach – in Hollywood. Ausgerechnet!

Ich leitete alles Notwendige in die Wege, musste mit meiner Reise nach Los Angeles aber noch einige Monate zuwarten, weil mein Gehirn nach meinem Unfall noch nicht genügend leistungsfähig war. Noch immer plagten mich Kopfschmerzen, sobald ich mich für längere Zeit konzentrieren musste, und jeder Druckwechsel in der Atmosphäre kündigte sich mit einem stumpfen Stechen unter der Hirnrinde an, das sich rasch von den Augen bis zum Hinterkopf ausdehnte. Der Lebenspartner einer lieben Freundin war damals überraschend verstorben. Ich kümmerte mich um sie und sie sich um mich. Sie fuhr mich zu meinen Referaten und Veranstaltungen und hielt mir den Rücken frei. So konnte ich immerhin Teilen meiner Arbeit nachgehen.

Es war Januar 2012, als ich mich von meinen Lieben verabschiedete und nach Los Angeles reiste. Die Millionenmetropole, direkt an der US-amerikanischen Pazifikküste, mag für viele eine Traum-Destination sein, für mich war sie der reine Albtraum. Nicht nur, dass ich schon wieder weit weg war von meinem Lebenspartner, meinen Freunden und meinen geliebten Bergen, nein, es war erst noch Winter, und während ich in Hollywood die Schulbank drückte und erfolglos versuchte, mein Heimweh zu verdrängen, unternahmen sie daheim die tollsten Skitouren. Aber was ich mir in den Kopf gesetzt hatte, zog ich durch. Umso mehr freute ich mich, im Mai für ein paar Tage heimzukommen, um meinen 45. Geburtstag zu feiern.

Wir richteten uns gemütlich in meiner Waldhütte ein, die ich vor ein paar Jahren gekauft hatte und in die ich mich seither gern hin und wieder zurückziehe, wir grillierten, lachten – das Leben war gut. Kaum hatten sich dann die letzten Gäste verabschiedet, überraschte mich mein Partner mit einem speziellen Geburtstagsgeschenk: »Evelyne, ich liebe eine andere Frau«, sagte er, einfach so. Sein Geständnis traf mich wie ein Faustschlag. Wir hatten in unserer zweijährigen Beziehung weder Krisen noch Streitereien gehabt. Nie zuvor war ich mir so sicher gewesen, meinen Seelenpartner gefunden zu haben. Bis dass der Tod uns scheidet, das war für mich klar. Ich finde keine Worte, um zu beschreiben, was ich damals fühlte. In Momenten wie diesen ist meine Sprache am Ende.

Die Bilanz nach meiner Geburtstagsfeier war rabenschwarz: Seit meinem Unfall funktionierte mein Gehirn nicht mehr wie früher, ich konnte mich schlecht konzentrieren, würde vermutlich die Höhe nicht mehr gut vertragen, was ich bereits bei kleineren Bergtouren in der umliegenden Region spürte, und meine Beziehung war ein Scherbenhaufen. Auch der laufende Strafprozess gegen die Unfallverursacher vor einem Jahr setzte mir nach wie vor zu. Ich kannte den Ausgang nicht, musste viel Geld investieren, es wurden Unwahrheiten verbreitet. Erst als mein ehemaliger Partner und ich uns kurz vor meiner Rückkehr nach Los Angeles dazu entschieden, uns noch einmal eine Chance zu geben, fasste ich neuen Mut. Weitere sieben Monate später beendete ich die Filmschule und kehrte hoffnungsvoll in die Schweiz zurück. Doch kaum war ich zwei Wochen daheim, hatte mein Freund erneut eine Überraschung für mich bereit: Er brauche eine Auszeit, sagte er. Das war endgültig zu viel für mich. Ich klappte wortwörtlich zusammen. Minuten fühlten sich an wie Stunden, Stunden wie Tage, und die Tage dehnten sich ins Endlose aus. Die Zeit stand still, während ich in einem Gefühl der Angst und Unsicherheit verharrte. Ich war am Tiefpunkt angelangt.

In meiner Verzweiflung rief ich meine Schwester an. Ich brauchte sie, denn ich wusste nicht, auf was für Gedanken ich in meiner Not noch kommen würde. Sie kam sofort zu mir, und wenig später fand ich mich bei einem Psychologen wieder, der mich als Notfall aufnahm. Nach ein paar Tagen hatte ich mich wieder einigermaßen aufgerappelt. Auch meine Freundinnen waren mir in jener Zeit eine wertvolle Stütze. Bei einem der unzähligen Gespräche fragte ich eine von ihnen, was ihr damals über die Trennung von ihrem Lebenspartner hinweggeholfen habe.

»Mein Entschluss, eine neue Herausforderung anzusteuern und die Bergführer-Ausbildung zu machen«, antwortete sie. Als sie für sich dieses hohe Ziel gesetzt habe, sei es mit ihr aufwärtsgegangen. In diesem Moment klopfte der Nordpol wieder an meine Tür, und zwar in einer Heftigkeit, die mir keine andere Wahl ließ, als ihn hereinzubitten. Lange hatte ich ihn ignoriert. Aber ich wollte dieses Ziel, meinen dritten Pol, trotz allem erreichen, das wurde mir schlagartig bewusst. Er war der gute Freund, den ich so lange vermisst hatte und der jetzt plötzlich wieder vor mir stand und mich herzlich umarmte.

Sofort begann es in meinem Kopf zu rotieren. Mein erster Gedanke war, dass ich von daheim aus mit dem Fahrrad nach Russland fahren und von dort aus eine wilde Tour zum Nordpol machen könnte. Ich recherchierte, merkte aber schnell, dass sich dieses Unterfangen nicht finanzieren ließe. Zusammen mit der logistischen Unterstützung, hätte mich diese Ost-Variante mindestens eine halbe Million Franken gekostet. Dieses Geld hatte ich nicht, und ich wollte es auch nicht mit der Hilfe von Sponsoren auftreiben. Außerdem war mir klar, dass ich mich nicht noch einmal so nahe am Limit bewegen wollte wie damals bei meiner Expedition zum Südpol. Ich überlegte, suchte Lösungen. Eine Alternative wäre die West-Variante via Nordkap, Grönland und Spitzbergen bis zum Nordpol. Diese wäre kürzer und ließe sich in vier einzelne Etappen aufteilen, was mir zwischendurch immer wieder Verschnaufpausen daheim ermöglichen würde.

Doch mein Ego und mein Stolz stellten sich quer. Sie wollten nicht die bequeme West-Variante – die ich innerlich als Angsthasen-Route zu bezeichnen begann, weil sie kürzer war und auf der ersten Etappe durch touristisch erschlossene Gebiete führte. Mein Ego wollte die wilde, die ursprüngliche, die coole Variante via Russland! Aber wie ich es auch drehte und wendete: Die West-Variante war die vernünftigere von beiden. Sie war meine reelle Chance, nach dem Everest und dem Südpol noch meinen dritten

Pol zu erreichen. Die Entscheidung fiel mir trotzdem schwer – denn für mich bedeutete die Angsthasen-Route ein Eingestehen von Schwäche. Das Gute an der Sache aber war: Ich hatte meinen inneren Widerstand gegen den Nordpol bezwungen und einen riesigen Schritt vorwärts gemacht. Ich hatte wieder ein Ziel, endlich.

DIE VORBEREITUNG
2013 bis 2016

Abenteuer wie die bevorstehende Expedition zum Nordpol oder auch die Expedition zwischen 2006 und 2007 zum Südpol benötigen nebst aufwendigen Vorbereitungen und großen physischen Grundvoraussetzungen vor allem eines: die Bereitwilligkeit im Kopf. Eine absolute mentale und geistige Zusage für das Ziel. Für das Ziel, von dem man weiß, dass es einen in seiner Härte an die Grenzen und zeitweise darüber hinaus fordern wird. Eine solche innere Bereitschaft entsteht nicht über Nacht. Sie ist das jahrelange, langsame Heranwachsen einer Energie, die nach außen unsichtbar ist, von der aber alles abhängt. Vor allem das Überleben. Deswegen wähle ich für meine Nordpolexpedition den Namen »90° North – 100 % Commitment«. Neunzig Grad nördliche Breite beschreibt den geografischen Nordpol. Um dieses Ziel aus eigener Muskelkraft zu erreichen, braucht es ein hundertprozentiges Commitment, eine hundertprozentige innere Verpflichtung gegenüber dem bevorstehenden Ziel. Es ist das Bejahen von Ängsten und Zweifeln, von Mängeln und Unsicherheiten. Es ist das Eintauchen in eine bedrohliche Welt, die alles von einem fordert, alles von einem nimmt, in der man nichts mehr verlieren kann und das Überleben das Einzige ist, das übrig bleibt.

Reinhold Messner spricht in diesem Zusammenhang in einem Interview, das ich mit ihm für meinen Dokumentarfilm führte, von »Wiedergeburt«. Er sagte: »Diese Wiedergeburt, also dieses Gefühl, wiedergeboren zu sein, ist nur möglich, wenn ich aus einer lebensgefährlichen Welt komme. Die Kunst ist, nicht umzukommen. Aber ich gehe los und weiß, es könnte etwas passieren. Denn wenn ich allein unterwegs bin, muss nur eine Kleinigkeit passieren, dann bin ich tot. Aber ich will nicht umkommen. Und ich habe zum Glück einen Überlebensinstinkt, der mich wahrscheinlich rechtzeitig vor dem Risiko warnt. Nur so kommen die Ängste zum Tragen, die Zweifel und die Hoffnungslosigkeit. Ich werde zurückgeworfen auf meine Beschränktheit und auf meine Mängel. Und obwohl ich also umkommen könnte, gehe ich dorthin, um nicht umzukommen. Dann komme ich zurück, und mir ist nichts passiert. Ich schnaufe durch, vor allem wegen dieses Gefühls: Ich bin wiedergeboren.«

Nebst der mentalen ist auch die praktische Vorbereitung für den Nordpol eine Expedition für sich. Selbst wenn ich mich dazu entschieden habe, den Gang zum Nordpol in vier Einzeletappen aufzuteilen, bleibt die Beschaffung des Materials anspruchsvoll. Alles ist sehr individuell, kaum etwas lässt sich delegieren. Es gibt in der Schweiz zwar unzählige Bergsportläden, aber keinen einzigen Shop für polare Expeditionen. Ich muss deshalb in verschiedene Länder reisen, um die erforderliche Spezialausrüstung zusammenzutragen, und mit Gleichgesinnten reden, die ebenfalls schon polare Erfahrungen gemacht haben. Nur, der eine macht es so, und die andere macht es anders. Ich muss also selbst herausfinden, was für mich das Beste ist.

Ich brauche zum Beispiel Spezialnahrung, die täglich 6000 bis 7000 Kalorien abdecken muss, ein Kochbrennersystem, mit dem ich mein arktistaugliches Zelt während des Vorwärmprozesses des

Benzinkochers nicht schon am ersten Tag abfackle, Ski mit passender Laufbindung, damit sich die Achillessehnen unter der Zuglast des Hundert-Kilogramm-Schlittens nicht bereits nach einer Woche entzünden oder – noch schlimmer – abreißen, eine Schusswaffe mit entsprechender Bewilligung, ohne die Grönland und Spitzbergen keine Expeditionsbewilligungen erteilen, alle notwendigen Dokumente für die Einreise, Versicherungen, ein Satellitentelefon samt Notsender, eine taugliche Foto- und Filmausrüstung, die bei minus 55 Grad nicht den Geist aufgibt, Solargeräte zum Füttern der Akkus und Batterien und vieles mehr. Ganz zu schweigen vom Backoffice daheim, das von Dritten betreut werden muss. Zum Vergleich: Eine Expedition auf einen Achttausender im Himalaja stelle ich innerhalb einer Woche auf die Beine. Ich muss im Grunde nur den Entschluss fassen, die Formalitäten erledigen, mich mit den richtigen Menschen in Nepal, Tibet oder Pakistan zusammentun, packen und aufbrechen. That's it.

Natürlich helfen mir meine Erfahrungen aus bisherigen Expeditionen bei den Vorbereitungen. Sowohl der Gang zum Südpol wie auch die Trainings zuvor in den Jahren 2003 und 2004 in den Nordwest-Territorien und auf der Baffin-Insel im arktischen Kanada haben mir viel Know-how verschafft. Und doch werden in der Arktis ganz andere Themen auf mich warten als in der Antarktis.

Am Nordpol herrscht zum Beispiel eine andere Kälte als überall sonst auf der Welt. Man geht dort auf gefrorenem Wasser und nicht auf solidem Untergrund. Deshalb muss man auch das Gelände anders »lesen«. Sieht man etwa dunkle Wolken am Horizont, kann das ein Zeichen einer Schlechtwetterfront sein. Es kann aber auch bedeuten, dass sich eine offene Wasserspalte am Himmel spiegelt und die Wolken deswegen dunkler aussehen.

Oder: Am Südpol ist die gefühlte Temperatur aufgrund des permanenten Windes oft kälter als am Nordpol. Aber die Antarktis ist der trockenste Kontinent der Welt, weshalb man den Schlafsack tagsüber auf den Schlitten binden und die Feuchtigkeit, die sich in der Nacht aufgrund der kondensierenden Körperwärme darin gesammelt hat, verdunsten kann. Auf dem Weg zum Nordpol geht das aber nicht – das Gelände lässt es nicht zu. Man muss immer wieder Presseis, hoch aufgetürmte Eisbrocken, überwinden, sodass der Schlitten oft seitwärts in den Schnee kippt, sich überschlägt und man ihn mühsam wieder aufrichten muss. Würde man den Schlafsack also zum Trocknen auf den Schlitten binden, wäre er abends nicht nur von innen, sondern auch von außen nass. Die Kunst ist deshalb, herauszufinden, wie man den Schlafsack in der Arktis trocken hält.

Auch die Ernährung ist ein Thema für sich. In der Antarktis habe ich zwar dehydrierte, aber immerhin richtige Mahlzeiten gekocht. In der Arktis geht das nicht, weil der Geruch von Essen die Eisbären anlocken würde. Deshalb gießt man dort nur aufgekochtes Schneewasser über gefriergetrocknete Menüs, wartet ein paar Minuten, bis sie aufgeweicht sind, und isst sie dann direkt aus dem geruchsneutralen Aluminiumbeutel.

Für meine Nordpolexpedition stellten sich mir also tausend neue Fragen:

Welche Skier wähle ich? Mit welchem Fell? Und welche Bindung passt zu meinen speziellen Expeditionsschuhen?

Die passenden Schuhe sind immens wichtig und eine Welt für sich. Ich werde schwitzen, aber der Innenschuh muss trocken bleiben. Welches Material nehme ich besser? Simple Plastiksäcke? Oder speziell angefertigte Dampfsperren?

Welches Material nehme ich bei den Socken? Wähle ich Unterwäsche aus Synthetik oder Merinowolle? Der BH muss gut stützen, aber so bequem sein, dass er nicht drückt und ich ihn Tag und Nacht anbehalten kann.

Dann kommen die Schichten. Und die Überschichten. Und die Über-Überschichten. Welches Material taugt am besten? Und welche Größen? Wähle ich Daunenjacken? Oder Primaloft? Wie dick sollen die Jacken sein? Wichtig: Daunenjacken dürfen nicht nass werden, sonst fallen die darin enthaltenen Daunen, genauso wie im Schlafsack, in sich zusammen und isolieren nicht mehr.

Welche Handschuhe halten meine Finger warm und isolieren, auch wenn sie nass werden? Welches Material trocknet nachts im Zelt? Welche Über-Handschuhe wähle ich? Goretex? Windstopper?

Extrem der Kälte ausgesetzt ist das Gesicht. Also: Welche Gesichtsmaske taugt am besten? Welches Material hinterlässt keine Druckstellen? Druckstellen begünstigen Frostbeulen. Welches Material fühlt sich trotz gefrorener Atemluft, die sich als Eiszapfen unter der Sturmmaske ablagert, einigermaßen angenehm auf der Haut an?

Welche Kapuze schützt mich richtig, und welche Art Fell nähe ich als zusätzlichen Gesichtswindschutz an? Nehme ich Fellstreifen vom Vielfraß? Das wäre das Beste. Doch wo komme ich an ein Vielfraß-Fell? Also doch besser Fuchsfell. Ich habe noch die Fuchsfellstreifen, die ich vor zehn Jahren an die Kapuze meiner Südpol-Jacke genäht hatte. Dieses Fell gehörte meiner Großmutter. Bevor sie starb, schenkte sie es meiner Mutter. Und später schenkte es meine Mutter mir für meine Südpolexpedition. Jetzt könnte ich das Fell meiner damaligen Kapuze abtrennen und an die neue Kapuze nähen. Die Kapuze muss groß genug sein, um mein Gesicht zu schützen. Sie darf aber nicht zu groß sein, damit sie mir nicht die Sicht verdeckt und die Sturmbrille nicht anläuft.

Sie darf aber auch nicht zu locker sitzen, weil sie sonst vom Wind nach hinten geweht wird.

All das und vieles mehr geht mir während der Vorbereitungsphase durch den Kopf, mit Vorliebe morgens um zwei Uhr. Ich schrecke auf, Adrenalin pumpt in mein Blut, und an ein Weiterschlafen ist nicht mehr zu denken. Ich bin hellwach, und die Gedanken fangen an zu rotieren: Was muss ich noch erledigen, welche Probleme stehen mir noch im Weg, an was habe ich vergessen zu denken? Schließlich muss ich auch das Administrative daheim erledigen, die Rechnungen bezahlen und – Mist, das Satellitentelefon darf ich nicht vergessen zu organisieren. Apropos Kommunikation und Navigation: Welches GPS wähle ich? Auf welchem Längengrad und somit in welcher Zeitzone werde ich zum Nordpol unterwegs sein?

Besser, wenn ich mich gar nicht erst zum Weiterschlafen zwinge, denn das zieht mir nur noch mehr Energie ab. So stehe ich häufig mitten in der Nacht auf, um mich an die Arbeit zu machen, mit dem Ergebnis, dass ich wochenlang mit Augenringen durch die Gegend wandle. Kurze und intensive Trainingseinheiten sind in dieser wichtigen Phase das Einzige, was ich mir nicht nehmen lasse. Freunde, Familie, ausgedehnte Klettertouren – fast alles andere muss ich der Reise opfern. Und das, lange bevor sie überhaupt losgeht.

Aber: Die Entscheidung, zum Nordpol zu gehen, wenn auch in vier Etappen, hilft mir, mein Leben wieder in den Griff zu bekommen. Die erste Etappe wird mich von daheim aus mit dem Fahrrad zum Nordkap führen, in der zweiten Etappe werde ich in einem Team Grönland traversieren, die dritte Etappe wird eine anspruchsvolle Durchquerung Spitzbergens im Alleingang werden, und in der vierten Etappe werde ich allein von der russischen Station Barneo aus zum Nordpol marschieren. Der Vorbereitungsprozess ist zwar sehr fordernd, aber auch wertvoll. Das Ziel zeigt mir wieder eine Richtung an. Es gibt mir eine Struktur in meinem Alltag und lenkt meine Gedanken, die in der Vergangenheit lange genug von Kummer geprägt waren, in eine positive Richtung. Wenn ich abends ins Bett gehe, weiß ich wieder, wozu ich am Morgen aufstehe. Denn der erste Besucher, den ich bis vor kurzem jeden Morgen begrüßte, war der Stein in meiner Brust, dieses dumpfe Gefühl von tiefer Traurigkeit. Dieser Stein ist zwar immer noch da, aber er ist längst nicht mehr so dominant. Dass ich mich dazu entschlossen habe, die Nordpol-Expedition fast gänzlich ohne Sponsorengelder zu finanzieren, und diesen Entschluss auch durchziehen kann, gibt mir Selbstvertrauen und macht mich zusätzlich frei.

ETAPPE 1

Nordkap
Tromsø
Lofoten
Bodø
SCHWEDEN
Trondheim
Drevsjø
NORWEGEN
DÄNEMARK
Malmö
Lübeck-Travemünde
DEUTSCHLAND
Frankfurt am Main

Rund 5000 km

SCHWEIZ
Geissholz

Von Geissholz bis ans Nordkap mit dem Fahrrad
21. Mai bis 2. Juli 2016

Am 21. Mai steige ich endlich daheim auf mein Fahrrad. Insgesamt habe ich 35 Kilogramm Gepäck auf vier Satteltaschen und einen Rucksack verteilt: Mein Zelt samt Schlafsack und Liegematte, meine kleine mobile Küche, meinen Computer, leichtere Sachen wie Ersatzwäsche, Stirnlampe, Taschenlampe und Sackmesser, Essen für die ersten zwei, drei Tage und – nicht zu vergessen – meine Fotoausrüstung. Im Gegensatz zu den intensiven Vorbereitungen in der jüngsten Vergangenheit wird meine nahe Zukunft wunderbar simpel sein: Mein Ausgangspunkt heisst Geissholz, mein erstes Etappenziel Nordkap. Dazwischen liegen rund 5000 Kilometer, in denen ich in die Pedale treten werde. Das ist alles. Keine Termine. Keine Verpflichtungen. Nur Fahrrad fahren, essen, schlafen. Doch zuerst gilt es, jenen Kloss in meinem Hals loszuwerden, der mich heute, wie bei all meinen Abschieden, begleitet. Er wird sich, das weiss ich aus Erfahrung, erst langsam aufzulösen beginnen, wenn meine Freunde, die mir zum Abschied winken, aus meinem Blickfeld verschwunden sind.

Ich verlasse die Schweiz östlich von Basel und folge dem Rhein nordwärts. Bald werde ich bei schlechtem Wetter fahren müssen, denn ich durchquere Deutschland genau während der Zeit der vielen Überschwemmungen, die unseren nördlichen Nachbarn im Jahr 2016 heimgesucht haben. Im Grunde bin ich von Anfang an auf der Flucht Richtung Norden, wo das Wetter besser zu werden verspricht. Die Landschaften in Deutschland präsentieren sich schöner als erwartet, die ersten 1300 Kilometer aber härter. Zwar habe ich auf die Unwetter meistens einen Vorsprung von ein, zwei Tagen, es fühlt sich aber trotzdem an, als hätten sie sich an mein Hinterrad geheftet. So flüchte ich vor den immensen Regengüssen, werde von ihnen eingeholt, flüchte erneut und werde Zeugin der immer höher anschwellenden Flüsse, die über die Ufer treten, Dörfer verwüsten und sogar Menschen töten. So muss sich ein verfolgtes Tier auf der Treibjagd fühlen.

Als Alpinistin und Berufsbergführerin bin ich sommers wie winters mit drastischen Wetterwechseln konfrontiert, sei es auf Gletschertouren, im Eis oder an Felswänden. Die Natur in den Bergen ist gefährlich und bedrohlich, ja. Aber die Gefahren sind Teil des Alltags, keine Überraschungen. Mein Feingespür und meine langjährige Erfahrung sind darauf ausgerichtet, im richtigen Moment die richtigen Entscheidungen zu treffen. Dass ich schon zu Beginn meiner ersten und einfachsten Etappe mit derart garstigem Wetter zu kämpfen habe, damit habe ich allerdings nicht gerechnet.

Durch die Klimaveränderung wird der Jetstream abgebremst. Wenn der Jetstream verlangsamt wird, wird das Wetter gestaut, so wie Autos auf der Autobahn vor einer Baustelle. Wenn das Wetter staut, bleibt es länger dort sitzen, wo es gerade ist. Dadurch gibt es zwar längere Schönwetterphasen, aber eben auch längere Schlechtwetterphasen. Das bedeutet lang anhaltende, verheerende Dürren in den einen Teilen und lang anhaltende, verheerende Niederschläge in anderen Teilen unserer Welt. Aber nicht nur der Wind, auch das Wasser spielt verrückt. Die große

Umwälzströmung im Atlantik, die sogenannte Atlantic Meridional Overturning Circulation (AMOC), hat sich im 20. Jahrhundert deutlich abgeschwächt. Der Golfstrom ist Teil dieser Umwälzströmung.

Sogar meine Planung der Nordpolexpedition hat sich wegen der Klimaveränderung dauernd verändert. Schon 2002 hatte ich zum ersten Mal die Idee, den Nordpol vom letzten kanadischen Festland aus zu erreichen. Doch in den vergangenen Jahren ist dort das Meer in Landnähe gar nicht mehr zugefroren, und wenn doch, war die Eisdecke für eine Begehung zu dünn. Kenn Borek Air, eine kanadische Fluggesellschaft, hat deswegen sämtliche Aktivitäten auf der Nordpolarmeer-Eiskappe eingestellt, weil ihr bei der Landung auf dem arktischen Meer-Eispanzer beinahe zwei Flugzeuge samt Piloten und Crew abgesoffen wären. Für Expeditionen zum Nordpol von der kanadischen Festlandseite her bedeutet das, dass die einst einzige mögliche Rettung bei Problemen nicht mehr verfügbar ist. Kenn Borek Air war für Expeditionen von 1970 bis 2014 die letzte Hoffnung – dann, wenn alle Stricke auf dem Eis gerissen waren und dringend Hilfe benötigt wurde. Ich ließ die Idee, diese Route zu wählen, deshalb rasch wieder fallen.

Natürlich mache auch ich mir Sorgen um unseren Globus. Doch auf meiner Expedition richten sich die unmittelbaren und pragmatischen Fragen auf das Hier und Jetzt: Wo finde ich etwas zu essen? Wo trinkbares Wasser? Wie trockne ich das durchnässte Zelt, wenn es weiterhin regnet? Wie schlafe ich im durchnässten Schlafsack? Wie erkälte ich mich nicht bei diesen garstigen Wetterbedingungen? Es sind die immer gleichen Fragen, die ich mir jeden Tag aufs Neue stelle.

Obwohl meine Beine von unzähligen Trainings und Skitouren-Höhenmetern kräftig sind, ist das Fahrradfahren für sie eine ungewohnte Disziplin. Am Anfang mochte ich deshalb noch nicht so viel aus meinen Muskeln herausholen. Erst mit der Zeit spüre ich, dass ich jeden Tag ein bisschen mehr zu leisten vermag. Und je stärker meine Füße in die Pedale treten, desto leichter werden meine Gedanken. Ich pfeife Melodien, die längst vergessen schienen, lasse mich verführen von hübschen, kleinen Cafés am Straßenrand, zelte neben Kühen auf sattgrünen Weiden und teile flüchtige Augenblicke mit Menschen, denen ich wohl nie wieder begegnen werde. Niemals hätte mich mein Bergführer-Beruf zu Städten wie Straßburg geführt. Mit dem Cellospieler vor dem Wahrzeichen der wunderschönen Stadt, dem beeindruckenden Münster, fühle ich mich sofort verbunden. Beide sind wir Figuren, die schwierig in einen Rahmen passen. Eine Art Lebenskünstler, jeder auf seine Weise. Und beide stellen wir uns vermutlich oft die Frage: »Wie weiter?« Eine Frage, in der viel Kreativität, Mut und Antrieb, aber auch viel Verletzlichkeit steckt. Eine Empfindsamkeit, von der ich überzeugt bin, dass sie uns weniger wertend gegenüber anderen Menschen macht.

Jeden Abend, bevor ich in meinem Zelt die Stirnlampe ausknipse, lege ich mir die ungefähre Etappe für den kommenden Tag zurecht. Jeden Morgen starte ich voller Energie in den Tag hinein und freue mich auf die neuen Eindrücke, die mir das Unterwegssein bescheren wird. Ich verlasse den Rhein weiter nördlich und radle der Fulda entlang, wechsle erneut den Fluss und folge der Weser, die inzwischen so hoch angestiegen ist, dass Teile des Radweges unter Wasser stehen. Nachdem ich nördlich der Weser eine schöne Route durch die Lüneburger Heide bis Lübeck gefunden und mich dort auf die Fähre nach Malmö begeben habe, genieße ich jetzt die Überfahrt nach Schweden in meiner kleinen und vor allem trockenen Kajüte. Ich bin dankbar, dass ich mich – im Gegensatz zu den Menschen, deren Keller zuhauf überflutet werden und die teilweise aufgrund der Unwetter ihr ganzes Hab und Gut verlieren – in diesem Moment nur mit einem Luxusproblem zu befassen habe. Vom vielen Regen hatte ich nämlich ständig nasse Haarsträhnen im Gesicht. Und weil ich gerade nichts Besseres zu tun habe, schneide ich sie mir in meinem Mini-Badezimmer kurzerhand mit meinem Sackmesser ab. Das Resultat sieht schrecklich aus. Aber immerhin kommen mir die lästigen Haare jetzt nicht mehr in die Quere.

1300 Kilometer habe ich seit meinem Aufbruch auf dem Fahrrad zurückgelegt. Nun erreiche ich nach einer kurzen Überfahrt schwedisches Festland. Trotz Vorfreude überfordert mich das Land in seiner Größe ein wenig. Welche Route soll ich wählen? Eher die bergige Variante Oslo–Trondheim–Tromsø–Nordkap? Oder fahre ich doch lieber durch das flache, aber fahrradtechnisch etwas langweilige Schweden? Ich entscheide mich für die goldene Mitte. Zuerst werde ich ein Stück durch Schweden radeln und dann, nördlich von Oslo, zur bergigen Küste Norwegens wechseln.

Seit ich Norwegens Grenze durch das schwedische Hinterland erreicht habe, kämpfe ich mit massivem Gegenwind. Dieser ist so stark, dass ich sogar auf flachen Strecken in die niedrigen Gänge schalten muss. Gut, dass es kaum Verkehr gibt, denn die Windböen drücken mich oft aus dem Nichts heraus mitten auf die Straße und in die Gegenspur hinein. Nach drei Tagen Kämpfen und Strampeln und trotzdem täglich über hundert zurückgelegten Kilometern mit über dreißig Kilogramm Gepäck bin ich, mit sehr müden Beinen, in einem kleinen Dorf namens Drevsjø angelangt. Als es nach einer kühlen Nacht am Morgen sogar weiße Flocken schneit, scheint mir der Zeitpunkt perfekt, einen Tag Pause einzulegen. Im nahe gelegenen Dorfladen besorge ich frische Lebensmittel und entdecke dabei einen hübschen Coiffeursalon. Spontan frage ich nach einem Termin und finde mich schon kurze Zeit später mit einem Frottiertuch um den Hals auf einem modernen Friseurstuhl wieder.

Während die zierliche Friseurin, eine Japanerin, das Dilemma mit meinen Haaren in Ordnung bringt, erfahre ich ihre bemerkenswerte Geschichte. Offen erzählt sie mir davon, wie sie vor ihrem gewalttätigen Exmann von Japan nach London flüchtete, dort eine Ausbildung zur Hairstylistin machte, sich über eine Kontaktanzeige im Internet in einen norwegischen Bauern verliebte, zu ihm nach Norwegen zog und sich hier, in diesem abgelegenen Dorf, mit einem eigenen Friseursalon selbständig machte. Heute, erzählt sie weiter, kommen Frauen und Männer von weit her, um sich von ihr beraten und die Haare schneiden und färben zu lassen, während sie Hochglanzmagazine auf der Suche nach Neuigkeiten über die Prominenz durchblättern. Ich mag es, wenn Welten aufeinandertreffen. Mit hübscher Frisur und neuem Elan steige ich nach einer erholsamen Nacht wieder auf mein Fahrrad. Der Wind hat sich zurückgezogen.

✧

Ich bin nun seit drei Wochen unterwegs und habe es in dieser Zeit von daheim bis ins 2000 Kilometer entfernte Trondheim geschafft. Noch einmal ungefähr dieselbe Distanz, und ich werde am Nordkap und damit am Ende der ersten meiner insgesamt vier Etappen zum Nordpol angelangt sein. Gegen Abend finde ich einen hübschen Campingplatz in der Nähe von Trondheim. Für einmal verzichte ich darauf, mein Zelt aufzubauen, und miete zur Feier des Tages eine »hytta«, eine kleine Hütte, die zwar auch spartanisch, aber immerhin mit einem richtigen Bett ausgestattet ist.

Ich bin in Stadtnähe. Das merke ich an der Geschäftigkeit der Menschen, die hier viel ausgeprägter ist als bei jenen, denen ich während meiner Fahrt übers Land begegnete, als ich mich in stetigem Rauf und Runter, bei Gegenwind und Sturm durch das karge Bergland kämpfte. Seit ich meine Füße nach dem schrecklich nassen Deutschland auf trockenen, schwedischen Boden gesetzt habe, hatte ich viel Wetterglück, abgesehen von den Tagen mit starkem Gegenwind. Zehn Tage am Stück genoss ich Sonnenschein. Ich bin dankbar für diese guten Tage, denn ich weiß: Der nächste Wetterwechsel kommt bestimmt, und mit ihm wird auch der Frust zurückkommen und die Unsicherheit, die eine derartige Reise immer mit sich bringt. Die Unsicherheit zum Beispiel, wo ich die kommende Nacht verbringen oder wann ich das nächste Mal feste Nahrung zu mir nehmen werde. Manchmal ernähre ich mich tagelang nur von Früchtemüesli und Nüssen, weil es weit und breit kein Restaurant und keinen Dorfladen gibt. Und wenn, dann sind sie oft geschlossen. Die Industrie hat den Kleinhandel verdrängt, die Supermärkte haben die Dorfläden weggefegt.

Die Auflagen in der Lebensmittelbranche und die Agrarpolitik haben ein Überleben der Kleinbauern nahezu verunmöglicht. Heutzutage werden ohne nachzudenken fünfzig Kilometer mit dem Auto zurückgelegt, um in einem Supermarkt einzukaufen. Und das nicht nur in Skandinavien. Mit dem Tourenvelo samt Gepäck bedeutet dies eine halbe Tagesetappe – bei Gegenwind und vielen Steigungen ein unglaublicher Kraftaufwand. Auch deshalb reise ich so, wie ich reise. Ich werde feinfühlig für Dinge, die Menschen und die Zusammenhänge.

Trolle, Naturgeister, Energien

Ich bin im südlichen Teil Nord-Norwegens angelangt, einer schönen Gegend, wären da bloß nicht diese vielen Tunnels. Die norwegischen Tunnels sind bei Fahrrad-Tourenfahrern ein großes Thema, denn sie sind nicht etwa fachmännisch betoniert und beleuchtet wie bei uns in der Schweiz, sondern mehr schlecht als recht aus dem Felsen geschlagen. In ihrem Innern sind sie nicht nur stockfinster, sondern auch bitterkalt. Ihre Dunkelheit schluckt jegliches Licht, auch das meiner Stirnlampe. Zudem sind sie eng und schmal. So schmal, dass ich nur hoffen kann, dass sich nicht zwei Lastwagen oder Wohnmobile auf meiner Höhe kreuzen. Sollte dies trotzdem der Fall sein, steigt man am besten so schnell wie möglich vom Sattel, presst sich mitsamt Fahrrad an die Tunnelwand, kneift die Augen zusammen und hofft, dass der Spuk bald vorbei sein möge. Noch schlimmer als Enge, Dunkelheit und Kälte ist der monströse Lärm. Kurzum: Norwegische Tunnels sind der reine Horror für jeden Fahrradfahrer. Ich bin kein ängstlicher Mensch, aber diese schwarzen Löcher bedeuten für mich puren Stress. In ihnen wohnt der Teufel, dessen bin ich mir sicher.

Aber nicht nur der Teufel haust in den Tunnels, sondern auch die Trolle, diese kleinen, frechen Naturgeister, die normalerweise in den Wäldern und Dörfern hocken oder an den Wegrändern sitzen. Sie sind nicht böse, nur etwas hinterlistig. Man sieht sie nicht, aber man spürt sie dafür umso mehr. So wie neulich: Es hatte den ganzen Tag geregnet, und meine Beine waren müde, weshalb ich mir auf dem nächstbesten Campingplatz wieder eine »hytta« leistete. Zuvor kaufte ich mir im nahe gelegenen Supermarkt ein Stück Lachs und etwas Rohschinken. Meinem Gefühl nach hatte ich mir diesen kleinen Luxus verdient. Ich freute mich über das feudale Nachtessen und packte die Reste in den Kühlschrank in meiner Hütte. Sie würden mir am kommenden Tag ein willkommenes Znüni sein. Wie immer überprüfte ich alles akribisch, bevor ich am nächsten Morgen weiterfuhr. Schließlich wollte ich nicht viele Kilometer zurückfahren, weil ich beim Packen meinen Kopf nicht bei der Sache und etwas vergessen hatte. Nach ein paar Stunden machte ich eine Pause und freute mich auf meinen Snack. Doch so sehr ich in den Satteltaschen und meinem Rucksack auch suchte, da waren weder Lachs noch Rohschinken.

Nun ist es so, dass dich die Trolle nicht einfach beklauen, sie gehen viel subtiler vor: Sie machen dich vergesslich. Diesen feinen Lachs, den wollten sie wohl unbedingt für sich behalten. Ich konnte nicht fassen, dass mir das passiert war, ärgerte mich und schimpfte innerlich, dann schlug ich den frechen Geistern einen Deal vor: »Dafür, dass ihr meinen guten Lachs und Schinken behalten habt, müsst ihr mich nun sicher durch diese fürchterlichen Tunnels führen.«

Das taten sie dann auch, ziemlich gut sogar. Fortan fuhren die Lastwagen und Wohnmobile erst in einen Tunnel hinein, wenn ich gerade wieder hinausfuhr. Ich kam sicher und heil durch. Das Leben war wieder in Ordnung. Ein paar Tage später entdeckte ich in einem kleinen Supermarkt Schweizer Schokolade, die mit den Nüssen, die ich so gern mag. Für umgerechnet sechs Franken!

Ich überlegte: Alles auf dieser Reise kostete viel Geld, und ich war noch weit weg vom Nordpol. Brauchte ich diese Schokolade wirklich? Natürlich kaufte ich sie, genoss ein paar Stückchen und legte den Rest zur Seite. Am nächsten Tag ging ich wieder akribisch vor. Ich überprüfte alles doppelt und dreifach, bevor ich meine Satteltaschen auf das Fahrrad hievte und weiterzog. Bei der ersten Pause realisierte ich: Ich hatte tatsächlich meine teure Schokolade vergessen. Mist! Es war Sonntag, die wenigen Tankstellen und Shops, die sowieso nur alle Dutzend Kilometer vorhanden waren, hatten geschlossen. Langsam ging mir die Energie aus, und weit und breit war kein Café in Sicht. Ich stieg vom Fahrrad und fluchte leise: »Ihr Trolle nehmt mir meine guten Sachen weg, während ich im roten Bereich laufe und langsam, aber sicher in eine Unterzuckerung komme!« Ich sagte ihnen, dass sie diese Sache nun irgendwie wiedergutmachen müssten, dann fuhr ich entnervt weiter.

Schon nach zwei, drei Kurven sah ich eine kleine Tankstelle. Sie hatte tatsächlich geöffnet. Erleichtert stieg ich vom Rad, bestellte einen Kaffee mit viel Milchschaum und dazu eine mit Puderzucker bestäubte Waffel. Und das Beste? Die freundliche Frau von der Tankstelle schenkte mir eine zusätzliche Waffel.

Meine Begegnungen mit den Trollen waren witzig. Manchmal fühlte es sich an, als würden sie mir hinten am Velo hängen. Dann rief ich ihnen zu: »Schieben! Schieben! Nicht ziehen!« Oder ich wollte unbedingt die nächste Fähre erwischen und rief: »Schieben, schieben! Helft mir!«, und radelte dann gleich ein bisschen schneller. Ich weiß, es war nur eine Vorstellung, eine mentale Hilfe. Aber je länger ich allein unterwegs bin, desto empfindsamer werde ich und desto stärker trete ich in Dialog mit der Natur und ihren übersinnlichen Wesen. Egal, ob Trolle, Elfen, Feen oder Zwerge – die Fantasiewesen waren für mich in diesen

Momenten absolut real. So real wie die Tatsache, dass auch Berge Wächter sein können.

✦

Ich habe das schon auf meinem Weg zum Südpol gelernt, am Fuß des Berges Ampato in den Anden, im südlichen Peru: Die Indios sagen, dieser Berg sei der Wächter über das ganze Tal, auf ihm würden die Götter thronen. So kletterten die Inkas – lange bevor bei uns der Alpinismus erfunden wurde – auf den über 6000 Meter hohen Gipfel, um Schnee und Eis ins Tal zu bringen. Mit dem heiligen Wasser konnten sich dann die Dorfbewohner reinigen. Diese Reinigungszeremonie muss den Inkas sehr wichtig gewesen sein, denn es wird die Geschichte erzählt, dass die Welt untergeht, sobald der Ampato kein Eis mehr auf seinem Haupt trägt.

Auch in Nepal und Tibet sind die Berge von jeher heilig. Man kann die Geister entweder erzürnen oder sie gut stimmen. Ich spüre, dass darin viel Wahrheit steckt, auch wenn es für unseren westlichen Verstand wenig Sinn ergibt. Es war 2003, als ich für eine kleine Vortragsreihe mit Tashi Tenzing und Reinhold Messner unterwegs war. Tashi Tenzing ist ein Enkel des legendären Sherpa Tenzing Norgay, der 1953, gemeinsam mit dem Neuseeländer Edmund Hillary, Erstbesteiger des Mount Everest war. 1996 wollte Tashi Tenzing, damals 31-jährig, seinen ersten Gipfelversuch wagen und ließ sich vorher von einem Lama, einem buddhistischen Priester, für den Berg segnen. Der Lama sagte, er müsse sehr vorsichtig sein, es sei kein gutes Jahr an der Chomolungma – so der tibetische Name des Mount Everest. Tashi Tenzing verschob darauf sein Vorhaben und stieg erst 1997 zum ersten Mal auf den höchsten Gipfel der Welt. Eine weise Entscheidung, denn am

10. und 11. Mai 1996 wurden mehr als dreißig Bergsteiger beim Versuch, den Gipfel des Everest zu erreichen, von einem heftigen Wetterwechsel überrascht. Acht von ihnen kamen dabei ums Leben. Der Lama hatte das Unglück erahnt. Auch ich spüre, wenn ich sehr lang unterwegs bin, ob sich etwas tendenziell eher in eine gute oder in eine schlechte Richtung entwickelt; ahne, ob sich eine Gefahr anbahnt oder ob etwas gut bleibt. Einzelne Lamas haben diese Fähigkeit sehr viel ausgeprägter. Sie spüren vermutlich nicht nur Tendenzen, sondern haben reale Vorahnungen.

Von verschiedenen spirituellen Quellen hört man, ein Geist namens »Vista« throne über dem Mount Everest. Dieser Geist sei ein Erderschaffungswesen, dem die Kraft der Reinigung innewohne. Die Reinigung geschehe, so wird erzählt, indem negative Emotionen wie Ehrgeiz, Stolz, Übermut, Ungeduld oder Wut, die in niedriger Energie schwingen und bewusst oder unbewusst von Menschen ausgehen, von den höher schwingenden Energien am Mount Everest zurückgesandt werden. Wie der Schall eines Rufs, der an einer Felswand abprallt und als Echo zurückkommt, wird der Mensch auf seine eigenen Schwächen und Schatten zurückgeworfen und mit diesen am Berg konfrontiert.

Ich war insgesamt dreimal am Mount Everest – 2001, 2005 und zuletzt 2013. Im Jahr 2001 erreichte ich als erste Schweizerin den Gipfel, und dies, obwohl ich mich während der Akklimatisationsphase überforderte und zu früh und zu schnell zu hoch aufstieg. Zum Glück warnte mich die Höhenkrankheit in jener Nacht im Lager 2 auf einer Höhe von rund 7600 Metern. Sobald ich ins vorgeschobene Basislager zurückstieg, klang sie wieder ab. Ich erkannte, dass sich am Everest die eigenen Schwächen spiegeln. Und zwar in einer ungeschminkten Art und Weise. Mir wurde klar, dass mein Thema der Ehrgeiz und die Ungeduld waren. Zu früh, zu schnell, zu hoch.

Ich empfinde es wohl wie die Sherpas und die Tibeter, nämlich, dass der Everest eine vollkommen reine Energie in sich trägt. Nicht umsonst nennt man den höchsten Berg der Welt Muttergöttin der Erde. Sie wird verehrt und gepriesen. Deshalb findet vor jedem Aufbruch eine sogenannte Puja statt, eine Zeremonie der Ehrerweisung, um die Muttergöttin um Nachsicht zu bitten, dass wir mit Steigeisen an den Füßen auf ihrem Haupt herumtrampeln. Wie in meinem Buch »Schritte an der Grenze« beschrieben, bauen die Sherpas für diese Zeremonie einen kleinen Altar aus Steinen und schmücken ihn mit Gebetsfahnen – kleinen, quadratischen Tüchern, auf denen Gebete und Pferde aufgedruckt sind. In der tibetischen Sprache werden diese »Lung-ta« genannt, was übersetzt »Windpferde« bedeutet. Flattern die Fahnen im Wind, galoppieren die Pferde mit den Segenswünschen zum Wohle aller lebenden Wesen in das Universum hinaus.

Kein Sherpa würde ohne die Puja-Zeremonie auf den Berg steigen und nicht ohne vorher links am Altar vorbeizugehen und sich mit dem Reis zu segnen, den er aus einem Schälchen nimmt und dreimal in die Luft wirft. Mich erinnert dieses Ritual an den christlichen Segen der Heiligen Dreifaltigkeit. Wobei es meiner Meinung nach bei diesen Riten nicht darum geht, einen erzürnten Gott oder eine erzürnte Göttin zu besänftigen, sondern vielmehr darum, die eigenen Emotionen, Gedanken und Absichten ins Lot zu bringen, sodass sie nicht von einer egozentrischen Natur geprägt sein mögen und sich im Einklang mit einer höheren Kraft befinden.

Noch bewusster wurde mir dieses Phänomen, als ich 2005 zum Everest zurückkehrte. Das Wetter war schlecht, das Team nicht homogen, innerhalb der Expeditionen am Berg gab es Konflikte, und Mitglieder aus der eigenen Gruppe hatten mich sehr enttäuscht. Kurzum, es war mir unter diesen Umständen nicht möglich, auf den Gipfel zu steigen. Ich war sehr wütend, packte meine Sachen zusammen, machte mich auf den Heimweg durch das Khumbu-Tal und knickte unterwegs mit einem Fuß so unglücklich ein, dass drei von fünf Bändern rissen. Dazu kam, wie sich später herausstellen sollte, ein Knorpelschaden am vorderen Mittelfußknochen. Glücklicherweise kam mir damals ein Junge entgegen, der mir – gegen eine Belohnung – sein Pferd auslieh, auf dem ich ins nächste Dorf ritt, von wo ich mit dem Hubschrauber ins Krankenhaus nach Kathmandu ausgeflogen wurde.

Der Spezialarzt in der Schweiz, der später meinen Fuß untersuchte, mochte es kaum glauben, dass man sich einen Fuß lediglich durch Einknicken dermaßen verletzen kann. Etwas später erzählte ich die Geschichte einem Bekannten, der sich mit den Phänomenen von Energien und Mystik auskennt. Er grinste nur und sagte, ihm sei klar, warum ich mir den Fuß so schlimm verletzt habe. Zum ersten Mal hörte ich nun von einem Nichtbergsteiger, dass die Energie am Everest dermaßen stark schwinge, dass niedrige Emotionen wie Ehrgeiz, Wut, Eifersucht, aber auch Gier oder Neid wie ein Bumerang auf einen zurückgeworfen würden. Die Wut-Energie, die ich in mir getragen hätte, sei in dem Moment, als ich mich verletzte, explosionsartig aufgelöst und durch den Vorfall neutralisiert worden. Mein Verstand dachte: So ein Quatsch! Aber das Gefühl wusste: Genau so ist es.

Ankunft am Nordkap, im Norden Norwegens
2. Juli 2016

Auf den letzten 600 der insgesamt rund 5000 Kilometer von daheim aus bis ans Nordkap lebe ich auf meinem Fahrrad völlig azyklisch. Die Nächte werden zu meinen Tagen, die Tage zu meinen Nächten. Dafür gibt es einen Grund: Nur eine Straße führt zum Nordkap, die E6, die später zur E69 wird. Auf ihr sind unzählige Trucks, Wohnmobile, Motorräder und Reisebusse unterwegs, denen ich ausweiche, indem ich nachts radle und am Tag ruhe. Wobei mir die Nächte hier eher wie eine ewig lange Dämmerung erscheinen. Es ist, als reise die Sonne endlos um einen herum und tauche nur für ein paar Stunden am Horizont unter, bevor sie sich wieder zeigt. So wird auch die Nacht zum Tag. Die Menschen hier haben trotzdem ihren Rhythmus, dem ich mich aber, wie gesagt, bewusst entziehe. Die Stille der Polarnächte, wenn die Menschen schlafen, ist einfach nur schön. Ich beobachte Rentiere, wie sie aus ihren Verstecken kommen und im satten Grün weiden. Vögel, die auf der Suche nach Nahrung sind, um ihre Brut zu füttern. Elche, die gut getarnt hinter einem Baum hervorlugen. Und zum Meer hin sehe ich Robben wie auftauchende U-Boote durch die Wasseroberfläche pflügen, was die Möwen aufschreckt, die kreischend miteinander kommunizieren. Beobachtend fühle ich mich als Teil dieser Tierwelt und spüre eine tiefe innere Ruhe.

Kurz vor dem Ziel erreiche ich das Land der Samen. Die Samen sind ein indigenes Volk, dessen Siedlungsgebiet sich von der schwedischen Gemeinde Idre im Süden über die nördlichen Teile Schwedens, Norwegens, Finnlands und bis zu den Küsten des Weißen Meeres und der Barentssee im Norden Russlands erstreckt. Sie leben hauptsächlich vom Fischen und von der Robbenjagd. Ich bin Alpinistin, und zum Meer habe ich nicht denselben Zugang wie zu den Bergen. Doch die große Empfindsamkeit der Samen gegenüber der Natur beeindruckt mich zutiefst. Auch wenn sie von der sogenannt zivilisierten Welt gern als unsensibel und rau empfunden werden, sind sie für mich vielmehr mit einer Urkraft verbunden, die Sensibilität mit einschließt. Einer Kraft, die, da bin ich mir sicher, in jedem von uns schlummert. Sie macht das wahre Wesen von uns Menschen aus, und das seit Jahrtausenden. Sie ist aber eine Kraft, die in unserer zivilisierten Welt mehr und mehr verkümmert. Viele spüren sie nur noch als diffuse Sehnsucht, die sie nicht wirklich beschreiben und schon gar nicht deuten können. Wohl auch deshalb boomen die vielen Angebote für uns Westler, für viel Geld über Feuer zu laufen oder im Wald übernachten zu dürfen, um uns selber wieder ein Stück näherzukommen.

✧

Die letzten 150 Kilometer meiner ersten Etappe zum Nordpol nehme ich um Mitternacht in Angriff. Meine Beine sind müde und schmerzen, habe ich doch in den vergangenen zwei Wochen jeden Tag mindestens zehn, manchmal auch vierzehn Stunden im Sattel gesessen. Dies bei Regen, Wind und Sturm und nur wenigen, kurzen sonnigen Phasen. Doch heute scheint die Natur das Durchhalten zu belohnen. Die Winde haben von Nord auf

Süd gedreht und bescheren mir bald einen unglaublich warmen und sonnigen Tag mit Rückenwind. Ein Geschenk des Himmels. Nach 42 Tagen und rund 5000 gefahrenen Kilometern auf meinem Tourenvelo erreiche ich am 2. Juli das Nordkap. Ich atme die klare Luft ein, den kräftigen Geruch des Meeres und den herben Duft einer wilden, kargen Graslandschaft. Gleichzeitig merke ich, wie sehr ich mich an die Einfachheit des Unterwegsseins, das stundenlange, tagelange, wochenlange monotone Treten auf dem Fahrrad gewöhnt habe. Schon lange freue ich mich auf das Nordkap, aber jetzt, jetzt möchte ich am liebsten nicht ankommen.

Ich kenne das. Mit jedem Ziel, das ich mir in den Kopf setze und unbedingt erreichen möchte, gehe ich vorher mehrere Monate, manchmal auch jahrelang schwanger. Das bedeutet, dass ich durch eine lange Planungs- und Identifizierungsphase gehe, bevor ich die Idee umsetze. Habe ich mich einmal zu hundert Prozent auf ein Ziel eingestimmt, bin ich enorm gut darin, meinen Fokus ganz auf diese eine und einzige Sache zu richten und mich dieser einen und einzigen Aufgabe vollkommen hinzugeben. Das Erreichen des Nordkaps mit dem Tourenvelo ist zwar erst das erste Zwischenziel auf dem Weg zum Nordpol. Aber – als eine sich von den anderen Etappen abgrenzende Disziplin – doch ein eigenständiges Unternehmen.

Jetzt muss ich mir keine Sorgen mehr darüber machen, ob mein Schlafsack trocken ist oder nass. Ich muss mich nicht mehr darum kümmern, ob ich genug zu essen habe. Es braucht mich nicht mehr zu belasten, ob sich die Entzündung an meinen Fußballen verschlimmern wird. Ich bin am Ziel. Das Ankommen bedeutet gleichzeitig auch ein Loslassen. Die Leitplanken, die mir mein Ziel vorgegeben und nach denen sich mein Alltag in den vergangenen Monaten ausgerichtet hat, sind weg.

Aber genug sinniert. Jetzt genieße ich den Augenblick. Morgen – nachdem ich die Nacht nach 22 Stunden ohne Schlaf in meinem Zelt unweit des Nordkaps an einem kleinen See verbracht haben werde – lasse ich dieses Zwischenziel los. Dann geht es mit dem Fahrrad zum nächsten Hafen und von dort per Schiff und Flugzeug nach Hause.

Morgen. Für heute ist es getan. Ich habe es geschafft.

ETAPPE 2

GRÖNLAND

Luftdistanz 450 km
Laufdistanz 600 km

×Nuuk   Tasiilaq
         ×
         ×Umivik Bay
Nansen-Route

ISLAND

Auf der Nansen-Route quer durch Grönland
15. August bis 16. September 2016

Wer ein Lächeln von ihm sehen will, sucht vergeblich. Grimmig schaut er aus auf Bildern und Denkmälern – Fridtjof Nansen, der legendäre norwegische Abenteurer und Friedensnobelpreisträger –, als hätte ihm sein Leben nur Unannehmlichkeiten bereitet. 1888 durchquerte der Zoologe und Polarforscher als Erster Grönland und sammelte Erfahrungen, die ihm dabei helfen sollten, dem Nordpol auf seinen verschiedenen Expeditionen zwischen 1893 und 1896 so nahe wie möglich zu kommen. Mit 86 Grad und 13,6 Minuten nördlicher Breite blieb er dem unwirtlichsten, rauesten und wohl gefährlichsten Punkt der Welt trotzdem fast 400 Kilometer fern.

Zur Zeit Nansens gab es weltweit eine Handvoll Pioniere, die tief in die Arktis und in die Antarktis vordrangen. Die berühmtesten unter ihnen nebst Nansen sind der Norweger Roald Engelbregt Gravning Amundsen, der am 14. Dezember 1911 als erster Mensch den Südpol erreichte, und sein Herausforderer, der Engländer Robert Falcon Scott, der dort gut einen Monat später ankam. Der Ire Ernest Henry Shackleton wurde vor allem durch seine abenteuerliche Rettungsaktion berühmt, mit der er alle Expeditionsteilnehmer bei ihrem Versuch, als Erste den antarktischen Kontinent über den Südpol zu durchqueren, vor dem Tod bewahren konnte, nachdem sein Schiff Endurance im Weddell-Meer vom Packeis zerdrückt worden war und später sank. Der US-amerikanische Forscher Robert Edwin Peary schließlich reklamierte 1909, der Erste am Nordpol gewesen zu sein, was er allerdings nie beweisen konnte.

Mich haben diese Pioniertaten immer sehr beeindruckt, aber nie besonders inspiriert. Was mich persönlich antreibt, sind die Erfahrungen, die ich auf meinen Expeditionen sammle; vor allem die Mechanismen mentaler Prozesse. Wie Angst in Widerstandskraft umgewandelt werden kann und wie man Unsicherheiten überwindet zum Beispiel. Es erstaunt mich immer wieder aufs Neue, dass Willensstärke eine Energie ist, die sich wie ein Muskel trainieren und zu Durchhaltevermögen entwickeln lässt. Es ist gut, zu wissen, dass man Leidensfähigkeit entwickeln und sie einen in kritischen Situationen über Grenzen hinausführen kann. Zu erfahren, dass oft die Notwendigkeit die Ursache von Erfolg ist, ist in bestimmten Momenten beruhigend. Meine Grenzerfahrungen bringen mich persönlich weiter, und zudem kann ich das, was ich daraus mitnehme, in meinen Referaten und Vorträgen anderen Menschen weitergeben.

Inzwischen blicke ich auf dreieinhalb Jahrzehnte Alpinismus und auf zweieinhalb Jahrzehnte Expeditionserfahrung im Himalaja und in polaren Regionen zurück. Meine alpinen Begehungen halfen mir, mich selber zu entdecken und zu verwirklichen, und gaben mir einen tiefen Einblick in die Abläufe der Angstbewältigung, des Durchhaltewillens und der Willenskraft. Später richtete sich meine Aufmerksamkeit bei der Bewältigung schwieriger Aufgaben vor allem auf das Innenleben des Einzelnen, eingebettet in ein Team. Auf dem Hintergrund dieser Erfahrungen, aber auch aus pragmatischen Gründen – Grönland vergibt keine Bewilligungen für Solo-Expeditionen – werde ich die rund 450 Kilometer Luft- und circa 600 Kilometer Gehdistanz von der Umivik Bay in Ostgrönland ins Austmannadalen – dem in Westgrönland gelegenen Tal auf der nach Fridtjof Nansen benannten Nansen-Route – zusammen mit drei weiteren Sportlern und einem Expeditionsleiter bewältigen.

Noch ist es aber nicht so weit. Ich nutze die kurze Verschnaufpause daheim, um mich auf die bevorstehende Grönland-Traversierung vorzubereiten. Kein leichtes Unterfangen, brennt doch die Sonne erbarmungslos vom Himmel herunter und beschert uns Temperaturen von plus dreißig Grad im Schatten, während ich für Temperaturen von rund dreißig Grad unter null packen sollte. Aber ich klage auf hohem Niveau. Denn eigentlich bin ich einfach nur froh, dass ich mich zum jetzigen Zeitpunkt noch nicht mit meiner dritten und vierten Etappe auf dem Weg zum Nordpol, mit Spitzbergen und dem gefrorenen Nordpolarmeer, auseinandersetzen muss. Hätte ich nämlich auf meiner ersten Etappe zum Nordkap eine Panne gehabt, hätte ich innerhalb nützlicher Frist jemanden gefunden, der mir hätte helfen können. Bei meiner bevorstehenden zweiten Etappe durch Grönland wird mir die Durchquerung im Team den einen oder anderen Fehler verzeihen. Bei der dritten und vierten Etappe werde ich mir aber keine Fehler mehr erlauben können, denn ich werde allein unterwegs sein. Ein Unterschied, der über Leben und Tod entscheiden kann.

Je näher mein Abflug nach Tasiilaq rückt, dem Ausgangspunkt in Ostgrönland, desto öfter fragen mich Nachbarn oder Bekannte, die mich beim Einkaufen oder Klettern treffen: »Freust du dich auf Grönland, Evelyne?« Meistens beantwortete ich die Frage mit einem Lächeln im Gesicht und einem freundlichen »Jaa!«. Wobei mein Inneres vor der Abreise zu einer Expedition jeweils einem Cocktail aus Emotionen gleicht und Freude nicht der richtige Ausdruck für die Gefühle ist, die mich dann begleiten. Aufbrechen ist für mich das Schwierigste. Es bedeutet das völlige Aufgeben und Loslassen jeglicher Bequemlichkeit und jeglichen Komforts. Ich fliege nicht in die Ferien. Mein Ziel ist es nicht, mich zu entspannen oder möglichst viel Spaß zu haben. Im Gegenteil: Ich muss für jede Eventualität bereit sein und jederzeit mit allem rechnen, selbst wenn es letztlich nicht eintreffen wird. Ich bin innerlich gespannt wie ein gedehntes Gummiband: Auf der einen Seite bin ich noch daheim, eingebettet in meine Komfortzone und auch darin verhaftet, auf der anderen Seite schon bereit für alles Unbekannte, das auf mich zukommen wird. Diese Überspannung auszuhalten, ist immer wieder eine Herausforderung, die sich auch auf meinen Alltag auswirkt.

Am 15. August 2016 breche ich schließlich nach Grönland auf und schließe mich meinen drei Gefährten Ursula, Max und Steffen an. Angeführt werden wir von Bengt Rotmo, den ich von früheren Expeditionen her kenne und schätze. Während ungefähr vier Wochen werden wir die Insel des hoffentlich ewigen Eises auf der »Nansen-Route« durchqueren. Mit einem Fischerboot fahren wir am ersten Tag von Tasiilaq aus rund 150 Kilometer nach Süden. Eisig peitscht uns der Fahrtwind bei schönstem Wetter ins Gesicht, während wir zwischen den Eisbergen unzählige Seevögel, Robben und Wale entdecken. Was für ein wunderbarer Start in meine zweite Etappe zum Nordpol!

In Isortoq, einem kleinen Inuit-Dorf, dürfen wir zusammen im Gemeinschaftshaus nächtigen. Weil ich mir vom Geschnarche von Bengt, Max und Steffen nicht meinen Schlaf stehlen lassen möchte, lege ich vorsorglich meine Liegematte und meinen

Schlafsack in die Werkzeughalle, die durch eine Durchgangstür mit dem Haus verbunden ist. Ich schlafe relativ schnell ein, werde aber mitten in der Nacht von einem lauten Klopfen geweckt. Es erinnert mich an das Geräusch in einer Backstube, das entsteht, wenn der Bäcker seinen Brotteig auf den Tisch knallt – so wie es meine Mutter früher immer mit dem Zopfteig gemacht hat. Kneten, kneten – klopfen, klopfen – kneten, kneten – klopfen, klopfen. Als Kind war ich immer begeistert, wenn meine Mutter einen Zopf zubereitete. Während sie knetete und klopfte, stibitzte ich vom Teig, stopfte ihn mir geschwind in den Mund und schaute meine Mutter dabei herausfordernd an. »Du bekommst Bauchschmerzen, wenn du zu viel davon isst«, ermahnte sie mich dann.

Ich wundere mich zwar über das Geklopfe, döse aber schon bald wieder weg. Kurz darauf beginnt es erneut. Diesmal schrecke ich derart auf, dass mir das Adrenalin, das sich in meinem Blut angesammelt hat, ein Weiterschlafen verunmöglicht. »Jetzt bin ich im Niemandsland von Grönland, in einem gottverlassenen Zwanzig-Seelen-Dorf und kann wegen Lärm nicht schlafen? Das darf doch nicht wahr sein«, denke ich mir, während ich mich vorsichtig aus meinem Schlafsack schäle, um dem ominösen Geräusch auf den Grund zu gehen.

Ich öffne eine Tür und gelange in einen Raum mit verschiedenen Becken, die mit etwas Schwarzem gefüllt sind, das ich nicht deuten kann. Hinter einem der großen Becken steht eine Frau, die mich verwundert, aber freundlich anschaut. Ich versuche, ihr klarzumachen, dass ich aufgrund eines merkwürdigen Klopfgeräuschs nicht schlafen könne. Leider unfähig, eine Sprache zu finden, die wir beide sprechen, deutet sie auf das Becken mit dem schwarzen Etwas. Jetzt verstehe ich. Die Männer aus dem Dorf sind nachts von der Robbenjagd nach Hause gekommen, das schwarze Etwas sind die leblosen Körper der Robben, und die Frau hat sie gehäutet und klopft jetzt ihre Felle. Mir ist klar, dass die Frau mit dieser Arbeit nicht bis am Morgen warten kann, weil sonst das Robbenfleisch und die Felle kaputtgehen. Obwohl ich die getöteten Tiere bedaure und ich jetzt, wo ich weiß, worum es sich handelt, den Anblick nur schwer ertrage, habe ich Verständnis. Das Fleisch dient als Nahrungsquelle, das Fell wird weiterverkauft und ermöglicht den Einheimischen ein Einkommen, um damit ihre Familien zu ernähren.

Die Frau sieht mich nun mit einem Blick an, den ich als Bedauern deute, zeigt dabei auf die verbleibenden Tiere, die sie noch verarbeiten muss, und gibt mir zu verstehen, dass es nicht mehr lange dauert, bis ich wieder meine Ruhe habe. Ich verabschiede mich höflich, nehme Liegematte und Schlafsack, gehe nach draußen und suche mir einen Felsen nahe der Meeresbucht, um mich zur Ruhe zu legen.

Mittlerweile ist es morgens um zwei Uhr. Es ist kalt, aber nicht unangenehm. Und vor allem: Hier gibt es keine Gespräche, kein Geschnarche, kein Klopfen. Es gibt nichts Schöneres, als der Stille vertrauen zu können. Ich lausche den seichten Wellen, die das Polarmeer an die Felsen schwemmt, die wie große, weiße Bäuche aus dem Wasser hervorlugen. Das leise, gleichmäßige Rauschen begleitet mich in einen kurzen, tiefen Schlaf, von dem ich erst um sechs Uhr morgens wieder erwache. Heute werden wir erneut in einem kleinen Fischerboot nach Süden fahren, um den Punkt zu erreichen, den sich Fridtjof Nansen vor knapp 130 Jahren für den Start seiner Expedition quer durch Grönland ausgesucht hatte. Aber vorher mache ich noch ein paar Kräftigungsübungen auf den Felsen.

Salomon heißt unser Bootsführer, der hier aufgewachsen ist. Er sei Jäger, erzählt er uns, fange Fische, Wale und Robben. Ob er auch auf Eisbärenjagd geht – sie ist in Grönland unter gewissen Bedingungen erlaubt –, möchte ich lieber nicht in Erfahrung bringen. Salomon verletzte sich einst während der Jagd und verlor dabei ein Auge. Nebst dieser Geschichte über sich erzählt er uns eine andere, zu der er weit ausholt und die mich sehr berührt. Sie beginnt damit, dass er uns darüber aufklärt, dass zehn von hundert Jugendlichen in Ostgrönland das zwanzigste Altersjahr nicht erreichen, wobei Todesfälle durch Unfall oder Krankheit nicht eingerechnet seien. Was bedeutet, dass sich zehn Prozent aller Jugendlichen das Leben nehmen.

Die neue Welt, unsere westliche Zivilisation, habe das Inuit-Volk erreicht, was nicht grundsätzlich schlecht sei. Aber die Inuit lebten völlig andere Werte als wir in unserer kapitalistischen Welt. Das Leben der Inuit gründet traditionell auf der Gemeinschaft. Einzelgänger und Alleingänger haben keine Chance, in dieser rauen und kalten Welt zu überleben. Daher kennen Inuit kein individuelles Besitztum, kein Konkurrenz- oder Wettkampfdenken. Sie leben weitgehend egalitär als soziale Gemeinschaft, bei der grundsätzlich alle Mitglieder den gleichen Zugang zu Nahrungsmitteln, Gütern oder Land haben und kein Mitglied dauerhaft Macht über andere ausüben kann. Es gibt nur sehr geringe Rangunterschiede, und es herrscht politische und soziale Gleichheit. Kommt es zu ernsthafteren Streitigkeiten, werden diese häufig durch öffentlichen Spott geahndet. Nur in ganz seltenen Fällen wird jemand von der Gemeinschaft ausgeschlossen, was in diesem harten Klima eigentlich den sicheren Tod bedeutet.

Mit Egoismus, Prahlerei oder Ellenbogenmentalität kommt in dieser unwirtlichen Gegend also niemand zu Erfolg, genauso wie Exklusivgesellschaften keinen Platz haben. Nur wer sich in der Gemeinschaft einbringen und nützlich machen kann, hat Überlebenschancen. Wenn jedoch, wie das heute geschieht, Werte auseinanderbrechen und Traditionen nutzlos werden, führt das zu Identitätsproblemen, zu Orientierungslosigkeit, zu Fragen der eigenen Zugehörigkeit und, nicht nur bei jungen Menschen, zu Sinnkrisen. Natürlich gibt es auch Beispiele von Angehörigen der Inuit, die die kapitalistisch orientierte Welt problemloser adaptieren. Dennoch schockiert mich die Suizidrate von zehn Prozent unter Jugendlichen sehr.

Wir sind schon mehrere Stunden im Boot unterwegs, als wir in Umivik, nördlich von Odins Land anlegen. Von dieser Gegend aus, die nach dem Wikingergott benannt ist, werden wir unseren Gang über das Eis starten, genauso wie es Nansen vor 128 Jahren tat. Noch heute erinnert ein »Steinmann« an das denkwürdige Ereignis von damals.

Ich bin erleichtert, als wir das Boot endlich verlassen können und ich wieder festen Boden unter den Füßen spüre. Weil es einige Zeit braucht, bis wir unsere schweren Schlitten und das ganze Gepäck auf das Eis geschafft haben, gehen wir erst relativ spät los. So schaffen wir nur zehn Kilometer, bevor wir zum ersten Mal unser Camp aufschlagen. Bis vor kurzem haben wir in der Ferne immer noch den Fjord gesehen, wenn wir einen Blick zurückgeworfen haben. Aber ab dem dritten Tag umgeben uns nur noch Eis und ein paar Nunataks – einzelne Felsen, die wie Toblerone-Spitzen mitten aus der Eismasse herausragen. Westlich von uns sehen wir die Nunataks von Odins Land. Der Legende nach soll Odin, der Hauptgott der nordischen Mythologie, dank seinen beiden Raben Hugin und Munin die Fähigkeit gehabt haben, sowohl in die Zukunft als auch in die Vergangenheit zu schauen. Odin entsendete sie in die ganze Welt, damit sie ihm verkündeten, was dort alles passierte. Wie auch immer: Die Vergangenheit liegt hinter uns, unsere Zukunft verspricht vor allem Schnee und Eis, Schnee und Eis und noch mehr Schnee und Eis.

In den ersten Tagen unserer Querung freuen wir uns über schönes Wetter. Einerseits ist das angenehm, andererseits ist der Schnee schwer und klebrig und der Aufstieg dadurch entsprechend anstrengend. Um überhaupt auf das grönländische Eisplateau zu kommen, müssen wir rund 3000 Höhenmeter überwinden. Nun lassen wir auch die letzten, sichtbaren Nunataks hinter uns. Sobald das Hochplateau erreicht ist, wird der Gletscher über 3000 Meter dick, mehrere 100 Kilometer lang und mehrheitlich flach sein, bis er auf der anderen Seite der Insel wieder unmerklich, aber kontinuierlich auf Meereshöhe abfällt. Erst auf den letzten 150 Kilometern wird der Gletscher wieder wild, unberechenbar und mit Spalten übersät sein. Doch noch ist es nicht so weit.

Zum Glück liegt auf dem Gletscher von Anfang an Schnee, sodass wir nicht über blankes Eis aufsteigen müssen. Denn meistens liegt auf Blankeis viel Geröll und Schutt, was den Zustieg auf den Gletscher für das Material verschleißfördernd und für die Muskeln kräftezehrend macht. Oft halten die Schlitten diesen Strapazen nicht stand. Sie deformieren sich, bekommen Risse, werden instabil und undicht gegen eindringende Nässe durch Schnee. Wir sind langsam unterwegs, und mich beschleicht das ungute Gefühl, dass mindestens zwei aus unserem Fünfer-Team zu schwach sind, um ein für mich gutes Tempo gehen zu können.

Ursula ist eine Schweizer Wanderleiterin, die ihr Leben am liebsten in Island verbringt. Sie ist eine aufgestellte, fröhliche Natur. Dennoch wirkt ihre heitere Art zuweilen nicht ganz echt auf mich. Manchmal lacht sie in derart unpassenden Situationen, dass sich dahinter eine tiefe Verletzbarkeit und Unsicherheit vermuten lässt. Was mir aber mehr Sorgen bereitet, ist ihre Gangart.

Ursula ist ausdauernd, ja. Aber für meine energiegeladene, austrainierte Natur ist sie so langsam, dass ich, selbst wenn ich mir Mühe gebe, vor Langeweile beinahe im Gehen umfalle. Aber Ursula lehnt mein Angebot, ihre schweren Taschen auf meinen Schlitten zu packen, um sie etwas schneller und mich etwas langsamer zu machen, kategorisch ab.

Steffen ist ein hochgewachsener, dürrer Deutscher mit einem Mundwerk, schnell wie ein Maschinengewehr. Er ist ein freundlicher Mensch, aber er und ich, das merken wir beide sehr schnell, das kann auf die Dauer nicht gut gehen. Steffen ist »book smart« und kennt sämtliche Geschichten sämtlicher Pioniere auswendig. Allen voran die Geschichte von Fridtjof Nansen, auf dessen Spuren wir nun Grönland durchqueren. Steffen räumt unserer Route, die seit ihrer Erstbegehung tatsächlich nur ein paar wenige Menschen wiederholt haben, sehr viel Status ein. Für mich ist es einfach eine Traversierung des grönländischen Inlandeises von Ost nach West auf der durch Nansen erstbegangenen und nach ihm benannten Route. Von mir aus könnte es auch die Messner-Route sein. Oder die Soundso-Route. Ich möchte als Vorbereitung für meine Nordpolexpedition Grönland von Osten nach Westen traversieren. Nicht mehr und nicht weniger. Steffen ist ein aufgestellter Mensch, daran besteht kein Zweifel. Aber er hat ein stark ausgeprägtes Anerkennungsbedürfnis. Er wirkt auf mich unsicher und im Eis unerfahren. Dass ich kein Interesse an seiner Person zeige, scheint ihn im Versteckten zu ärgern, und dass er seine Wut zuweilen nicht zügeln kann, wird später für einige Situationen sorgen, in denen er sie an mir auslassen wird. Seine Vorwürfe und Anschuldigungen perlen allerdings an mir ab wie Wasser auf den Federn einer Ente.

Max ist der Sohn des norwegischen Nationalhelden Børge Ousland, eines der wenigen Menschen, die den Nordpol von

Russland nach Kanada durchquert haben. In Norwegen genießen derartige Leistungen ungefähr dieselbe Anerkennung wie bei uns die Speed-Begehungen der Eiger-Nordwand. Max hat allerdings einen anderen Weg eingeschlagen als sein Vater. Er wurde Kunstmaler. Sein zurückhaltendes Wesen macht ihn für Führungsaufgaben eher ungeeignet, weshalb er sich in den kommenden Wochen auch nie an den Navigationsaufgaben beteiligen wird. Er lebt stark in seiner eigenen Gedankenwelt und ist ziemlich chaotisch, was das Zusammenleben mit ihm im Zelt nervenaufreibend macht. Dauernd sucht er etwas und fragt, wo er seine Sachen hingelegt habe. Meistens mit einem Unterton, durch den ich mich schuldig fühle, ihm etwas weggenommen zu haben. Dafür ist er sehr anpassungsfähig und spricht wenig. Wenn er aber etwas sagt, kommen erstaunliche Lebensweisheiten hervor, die mich von einem 28-jährigen jungen Mann beeindrucken. Max ist fast zwei Meter groß, und selbst wenn sein Schritt langsam aussieht, bringt er mit seinen langen Beinen ein bemerkenswertes Tempo auf die Skier. Hinter seinem rötlichen Bart versteckt sich nicht nur ein schelmisches Lächeln, sondern auch ein erfrischender Humor.

Bengt kenne ich seit über zehn Jahren. Ich habe den Norweger zum ersten Mal im südlichsten Zipfel Chiles, in Punta Arenas, getroffen, und wir schlossen gleich Freundschaft. Es ist wohl unsere berufliche Verantwortung – Bengt ist Guide in Polargebieten –, die uns ohne Worte wissen lässt, was der andere fühlt und denkt. Von seiner eher kleinen Statur, die er wohl von seiner Mutter, einer Samin, hat, darf man sich nicht täuschen lassen. Bengt ist kräftig wie ein Bär. Seine ausgeprägten Kieferknochen verraten seine Fähigkeit, anzupacken und sich für eine Sache starkzumachen. Bengt ist ruhig und entschieden, einzig sein Pragmatismus kann zuweilen als Teilnahmslosigkeit verstanden werden. Dabei ist er sehr hilfsbereit, wenn man ihn um etwas bittet. Probleme im Voraus zu lösen, das kommt ihm allerdings weniger in den Sinn. Lieber lässt er die Dinge auf sich zukommen und schaut dann, was sich daraus machen lässt. Ich beneide Bengt um seine Fähigkeit, das Leben locker zu nehmen und sich über die Welt nicht allzu viele Gedanken zu machen. Vor Jahren hat er seinem Ingenieur-Beruf den Rücken gekehrt, um sich seiner wahren Leidenschaft, dem Führen in der freien Natur, zu widmen. Wäre Bengt nicht verheiratet und hätte er keine Kinder, hätte ich mein Herz vermutlich an ihn verlieren können.

Nach dem unglaublich milden Wetter am Anfang unserer Begehung lernen wir Grönland nun von einer anderen Seite kennen. Die Temperaturen sind nach unten gesaust, das Thermometer zeigt siebzehn Grad unter null an, was sich zusammen mit dem starken Wind auf dem Körper anfühlt wie dreißig Grad unter null – bekannt als Windchill-Effekt. Der Neuschnee fegt über den Boden hinweg, es scheint, als würde er sich jeden Moment unter mir auflösen. Unmöglich, bei diesen diffusen Sichtverhältnissen irgendwo einen Fix- und Orientierungspunkt auszumachen. Dazu kommt, dass der eiskalte und stumpfe Schnee das Ziehen der Schlitten sehr anstrengend macht. Erinnerungen an meine Tour zum Südpol kommen in mir hoch. Kurzum: Wir sind nach den sonnigen Tagen zu Beginn unserer Grönland-Durchquerung im kalten, harten Expeditionsalltag gelandet.

Nach zehn Tagen geht es Ursula schlecht. Ihre Kraft ist aufgebraucht. Ihr Gesicht und ihre Augen sind angeschwollen, ihr Lachen ist verschwunden, ihr Redefluss versiegt. Nun entscheiden wir innerhalb des Teams, ihren Schlitten von Gewicht zu befreien. In ihrer Verfassung fällt es Ursula leichter, das Angebot anzunehmen. Insgeheim frage ich mich, ob sie sich vielleicht keine Blöße geben und mit mir, der anderen Frau in der Gruppe, mithalten wollte. Erst am Ende unserer Expedition wird sie mir erzählen, sie habe viel von mir gelernt. Ich will mein Ego nicht nähren und frage deshalb nicht nach, was genau sie damit meint. Ihre Offenheit freut mich aber, genauso wie die Tatsache, dass wir uns in den kommenden Tagen und Wochen freundschaftlich näherkommen. Doch im Moment bin ich einfach nur froh, dass Ursula ihre Grenzen anerkennt und wir durch die Umverteilung der Lasten eine homogene Gruppe werden und endlich gut vorankommen. So gut, dass wir sogar schon den höchsten Punkt von knapp 3000 Metern hinter uns gelassen haben. Von nun an geht es während ungefähr zehn Tagen nur noch geradeaus und dann bergab. Leider merken wir davon nicht viel, denn die Höhenmeter, die wir wieder abwärtsgehen werden, ziehen sich über eine Länge von mehr als 150 Kilometern.

Wenn man stundenlang, tagelang, wochenlang kilometerlange Eis- und Schneefelder überquert und dabei nichts anderes tut, als monoton einen Fuß vor den anderen zu setzen, ändert sich der Geist. Er wird ruhig. Sogar Steffens Redseligkeit hat abgenommen. Während der kurzen Pausen, in denen wir Nüsse, Schokolade, Dörrfrüchte und Trockenfleisch essen und ein paar Schlucke trinken, spricht er nun nicht mehr ununterbrochen. Ich genieße diese Ruhe. Ich genieße das endlose Weiß und die Kälte. Und ich genieße unseren Tagesrhythmus: Wir schälen uns morgens um fünf Uhr aus unseren Schlafsäcken, schmelzen Schnee, kochen das Wasser auf, rühren damit unser Müesli an, essen, ziehen unsere sturmsichere Kleidung an, bauen das Zelt ab, packen alles auf die Schlitten, gehen los, setzen stundenlang einen Fuß vor den anderen, suchen uns einen sicheren Platz ohne Gletscherspalten, bauen das Camp auf, verziehen uns in unsere Zelte, schmelzen Schnee und kochen das Wasser auf, gießen es über dehydriertes Essen, warten, bis es sich vollgesaugt hat, essen, legen uns in unsere Schlafsäcke, reden mit dem Zeltpartner, und bevor wir gegen 23 Uhr schlafen, freuen wir uns auf den nächsten Tag und hoffen, dass die Sonne scheinen und der Wind nicht zu stark sein wird. Tagelang, wochenlang, immer dasselbe.

Während des Gehens summe ich oft ein buddhistisches Mantra vor mich hin: »Om mani padme hum«. Für den tibetischen Buddhismus und den buddhistischen Sherpa-Stamm in Nepal sind diese Silben Ausdruck der grundlegenden Haltung des Mitgefühls. In ihrem Rezitieren drückt sich der Wunsch nach Befreiung aller Lebewesen aus. Hunderte Male, Tausende Male summe ich im Geist diese berühmten Silben. Dann, auf einmal, fügt sich eine Geige in das Mantra ein, später eine Orgel, eine Querflöte, Oboen, große Trommeln, Hörner. »Om mani padme hum« ertönt im Orchester und begleitet mich durch meinen Tag.

Meine Gedanken wandern weit weg, nach Nepal. Mehrere Male reise ich dorthin, um den Menschen das Geld zu bringen, das ich daheim für sie gesammelt hatte. Mit dem Geld konnten sie nach dem verheerenden Erdbeben 2015 ihre in Trümmern liegenden Häuser wieder bewohnbar machen. Ich denke an die vielen Menschen, die den Glauben und ihre Gutmütigkeit nicht verloren, obwohl sie ein tragisches Schicksal erlitten haben. Ich denke an Lhamu Chutin, das neunjährige Mädchen, und daran, wie sie mir nachrannte um mir mein Tagebuch wiederzubringen, das ich im Haus ihres Vaters vergessen hatte, als ich mit den Arbeiten im Dorf fertig war. Die Kleine rannte eine Stunde lang, bis sie mich endlich eingeholt hatte. Voller Freude übergab sie mir mein kleines, violettes Buch.

Mit ihr und ihrer Familie bin ich heute in Freundschaft verbunden. Ohne dass es Lhamu weiß, sende ich ihrem Vater jedes Jahr Geld, damit sie in Kathmandu eine Privatschule besuchen kann. Lhamu ist ein aufgewecktes, lernfreudiges Mädchen. Ich hoffe, dass ihr das Gelernte später hilft, damit sie studieren und einen Beruf ausüben kann, der ihrem Land auf die Sprünge helfen wird. Nepal ist ein armes reiches Land. Die korrupte Regierung verunmöglicht, den Reichtum des Landes zu nutzen, damit die Bevölkerung davon profitieren und das Land weiterkommen könnte.

Ich denke an die schönen Begegnungen mit dem Mönch Lama Tashi, dem ich die Verwaltung der Sammelgelder für den Wiederaufbau der Häuser übergab. Nach ein paar Monaten waren die Häuser in seinem Dorf Phortse und den anliegenden Dörfern Thame und Khumjung wieder instand gestellt. Tashi besuchte ich drei weitere Male. Er zeigte mir alle Häuser, die in neuem, traditionellem Glanz dastanden, als hätte es nie ein Erdbeben gegeben. Ich lächle innerlich und staune, wie nah mir Nepal ist, während ich, vor mich hin summend, durch die Eiswüste Grönlands gehe.

Am nächsten Tag übernimmt Steffen die Navigation für den letzten Lead, die letzte Stunde dieser Tagesetappe. Es ist kurz nach achtzehn Uhr. Es gibt im Grunde nichts Einfacheres, als morgens um sechs, mittags um zwölf, abends um sechs Uhr und – während der kurzen, polaren Sommerphase – während der Mitternachtssonne zu navigieren. Denn morgens um sechs Uhr steht die Sonne auf 90 Grad im Osten, sodass der eigene Schatten, wenn man von Ost nach West läuft, direkt gegen Westen zeigt und man ihm folgen kann. Abends um sechs Uhr ist es umgekehrt. Dann steht die Sonne auf 270 Grad, also direkt in unserer Marschrichtung nach Westen, sodass man direkt Richtung Sonne geht. Am Mittag, wenn die Sonne den Süden auf 180 Grad, und um Mitternacht, wenn die Mitternachtssonne den Norden auf 360 Grad preisgibt, ist die Gehrichtung nach Westen rechtwinklig zur Sonne, die am Mittag links und um Mitternacht rechts rechtwinklig zur Marschrichtung steht. Doch anstatt eines Headings von 270 Grad geht Steffen mindestens nach 315 Grad, also mit 45 Grad Abweichung, in nordwestliche Richtung.

Die Sonne schaut ab und zu hinter den Wolken hervor und zeigt mir an, dass Steffen falsch läuft. Ich entscheide mich, nichts zu sagen, weil Steffen von mir sowieso keinen Ratschlag annehmen wird. Innerlich baut sich aber je länger, je mehr ein Unwille auf. Ich kann einfach nicht wie ein blindes Schaf hinter Steffen hertrotten, der falsch navigiert. Bengt scheint derweil in seiner eigenen Gedankenwelt unterwegs zu sein. Er hat seine Ohrstöpsel eingesetzt und hört Musik. Ich ärgere mich, dass er, als Teamleader, nicht reagiert, obwohl Steffen »off« läuft.

»Steffen, du bist off!«, rufe ich ihm deshalb zu.

»Das kann nicht sein!«

»Wir haben ein Heading von 270 Grad, also direkt nach Westen, und die Sonne steht um achtzehn Uhr direkt im Westen. Du brauchst nur in Richtung Sonne zu laufen. Aber du läufst 45 Grad zu sehr nach Norden.«

»Ich habe die Sonne nicht gesehen!«, so seine Antwort.

»Ich habe die Sonne aber gesehen, Steffen, du läufst 45 Grad zu stark Richtung Norden!«

»Ich bin Segler und habe eine Ausbildung in Navigation!«

»Dann erstaunt es mich noch mehr, dass du in die falsche Richtung läufst.«

»Wir haben eine Deklination!«

»Wenn du abends um sechs in Richtung Sonne gehst, brauchst du dich nicht um die Abweichung des Kompasses zu kümmern, du gehst einfach automatisch nach Westen!«

Nun bringt sich auch Bengt ein und ruft Steffen zu: »Steffen, check the compass!«

Jetzt erst kramt Steffen seinen Kompass hervor und korrigiert sein Heading. Am nächsten Tag kommt er zu mir und entschuldigt sich für sein Verhalten. Es ist der Beginn einer kleinen Wende in unserem schwelenden Konflikt. Einige Tage später versperrt ein unüberschaubares Gletscherlabyrinth unseren Weiterweg. Ich biete Bengt an, die Führung durch die Gletscherspaltenzone zu übernehmen. Als Bergführerin bin ich es gewohnt, einen Gletscher und seine Spalten zu lesen und Wege durch Spaltenlabyrinthe zu finden. Zwei Tage lang durchwandern wir eine riesige Zone mit Längs- und Querspalten, die wir teilweise über dünne Schnee- und Eisbrücken überwinden müssen. Alle, inklusive Steffen, folgen mir auf Schritt und Tritt, ohne auch nur für einen Moment meine Route infrage zu stellen.

Von diesem Moment an sind wir ein Team. Jeder kennt jetzt seinen Platz. Jeder weiß von jedem, was er für das Team zu leisten fähig ist und was nicht. Am Abend stellen wir das Zelt auf einer kleinen, spaltenfreien Schneeinsel auf. Der Halbmond schimmert im pastellenen Abendlicht und grüßt die Erde. Ich fühle mich als Teil vom gesamten Organismus des Universums aufgehoben. Es ist das Gefühl, das ich von meinen Reisen zum Südpol und auf den Mount Everest kenne: Das Herz singt vor Freude, weil die Seele zu Hause ist.

Noch maximal eine Woche, dann werden wir, nach knapp einem Monat des Unterwegsseins, die andere Seite der Insel erreichen. Ich denke an meinen Vater. Es fühlt sich an, als wäre er stolz auf unsere, meine Leistung, auf mein Leben. Ursula schaut mich fragend an.

»Woran denkst du?«, will sie von mir wissen.

Ich erzähle ihr von meinem Vater. Davon, dass wir uns zwar nahestanden, uns aber unsere Liebe gegenseitig nicht zeigen konnten. Und dass er sich vor über zehn Jahren zu Tode geraucht hat. Ursula bietet mir daraufhin eine Zigarette an. Sie ist, wie ich, eigentlich Nichtraucherin, hat aber ein paar Zigaretten mit dabei.

»Für alle Fälle«, sagt sie und grinst.

Ich lache. Und so rauchen wir beide eine Zigarette, ich auf meinen Vater und Ursula auf ihre Mutter. Ich habe Ursula inzwischen richtig lieb gewonnen. Wir schauen uns an, lachen und weinen gleichzeitig. Ich ahne noch nicht, dass meine Mutter meinem Vater bald nachfolgen und dass dieser Verlust meine Seele tief erschüttern wird.

Als die Berge, die das Ende unserer Expedition ankündigen, in der Ferne sichtbar werden, möchte ich alles, nur eines nicht: ankommen. Alles, was ich in diesem Moment will, ist weitergehen, mein Leben lang. Mein Leben lang nur gehen, immer weiter und nicht ankommen. Nie mehr.

ETAPPE 3

SPITZBERGEN

× Rückzug

× Longyearbyen

Ursprünglich geplante Strecke
Luftdistanz 200 km – Laufdistanz ca. 350 km

Spitzbergen im Alleingang, ein Versuch
1. März bis 15. März 2017

Meine Expedition zum Nordpol ist zur Hälfte bewältigt, die ersten zwei Etappen liegen hinter mir. So gut die Zeit in Grönland war, so sehr schätze ich auch wieder mein eigenes Bett und die Gesellschaft meiner Freunde daheim. Es ist Herbst, die Farben der Natur sind intensiv, und ich nehme mir vor, die kommenden zwei Etappen bis zum Jahreswechsel nicht zum Thema zu machen. Ich möchte nicht zu früh unnötig Energie verpuffen, denn sowohl die bevorstehende Durchquerung Spitzbergens wie auch der Gang zum Nordpol werden kein Zuckerschlecken werden. Ich genieße diese Wochen deshalb unbeschwert mit meinen Freunden. Wir klettern an den steilen Südwänden in der näheren Umgebung, grillieren oder laufen Eis auf dem Engstlensee, der ein Stück oberhalb meines Hauses idyllisch in die Berglandschaft eingebettet liegt. Erst als das neue Jahr anbricht, nehme ich die Vorbereitungsarbeiten für die dritte und vierte Etappe wieder auf. Jetzt darf ich mir keine Fehler mehr erlauben, denn ich werde allein unterwegs sein. Die Vorfreude mischt sich deshalb mit der Sorge darüber, ob ich wirklich in der Lage sein werde, die Herausforderungen, die zweifellos auf mich zukommen werden, zu meistern. Ich bin jetzt sehr fokussiert, und alles, was nicht unmittelbar mit den bevorstehenden Etappen zu tun hat, muss hintenanstehen.

✥

Mit 106 Kilogramm Gepäck komme ich am 1. März in Longyearbyen auf Spitzbergen – norwegisch Svalbard, was »kühle Küste« bedeutet – an. Longyearbyen ist der größte Ort und Verwaltungszentrum der Inselgruppe und mein Ausgangspunkt. Hier werde ich einige Tage bleiben, um die letzten Vorbereitungen vor Ort zu treffen. Spitzbergen ist der Sammelbegriff für mehrere größere und kleinere Inseln nördlich des Polarkreises, die im Westen an die Grönlandsee, im Norden an das Nordpolarmeer, im Osten an die Barentssee und im Süden ans Europäische Nordmeer anstoßen. Wer sich mit der Geschichte von Spitzbergen befasst, wird verblüfft sein, dass auf diesen unscheinbaren Inseln eine Ausbeutungsaktion die andere ablöste. Zwischen dem 17. und 18. Jahrhundert wurden hier so viele Wale ermordet, dass sich der Bestand bis heute nicht davon erholt hat. Als die Anzahl der Wale aufgrund der aggressiven Jagd – hauptsächlich durch Holländer, Franzosen und Engländer – in Küstennähe schon Mitte des 17. Jahrhunderts drastisch zurückging, wurde der Walfang auf die offene See verlegt. Die Ausbeute ging weiter und dehnte sich auf Eisbären, Robben, Walrosse, Polarfüchse und Rentiere aus. Später jagte man nicht mehr nur Tiere, sondern machte auch leichte Beute mit abbaubarer Kohle. Weil Spitzbergen Niemandsland war, konnte jeder tun und lassen, was und wie es ihm gefiel. Erst 1920 wurde das anders. Norwegen bekam dank dem sogenannten Spitzbergenvertrag, der in Paris unterzeichnet, allerdings erst fünf Jahre später in Kraft gesetzt wurde, die Souveränität über den Archipel Spitzbergen.

Außerhalb dieses bewohnten Gebiets ist der Eisbär zu Hause. Die Menschen sind sich der Gefahren, die von Eisbären ausgehen, sehr bewusst. Ich spüre aber auch die Bewunderung und den Respekt der Einheimischen diesem wunderschönen, wilden Tier gegenüber. Der Eisbär ist zum Symbol der Arktis geworden. Es ist zum Glück verboten, ihn zu jagen. Es ist aber auch nicht erlaubt, ihm für Fotos zu nahe zu kommen oder ihn in seinen Lebensgewohnheiten zu stören. Die Einwohner wollen ihm seine Ruhe und seinen Spielraum lassen. Gleichzeitig sind sie sich aber bewusst, dass eine reale Gefahr von ihm ausgeht, selbst wenn sie sich richtig verhalten, ihm Abstand zugestehen, Respekt entgegenbringen und sich nicht in seine Reviere begeben. Die Bären sind um diese Zeit normalerweise auf dem Packeis. Aber das Meer ist nicht zugefroren, und wenn sie hungrig sind, wandern die Raubtiere auf der Suche nach neuen Jagdgebieten von einer Küste zur anderen quer durch Spitzbergen. Verständlich, dass diese Situation für Mensch und Tier belastend ist.

Mich faszinieren die Eisbären von jeher. Ich habe mich lange mit ihnen befasst. Und setzt man sich selbst den Naturgewalten der Arktis aus, staunt man noch mehr, wie sie – aber auch die Rentiere, Moschusochsen und Polarfüchse – unter diesen klimatischen Bedingungen überhaupt überleben können. Auf Spitzbergen lerne ich, wie intelligent und clever Eisbären sind. Um zu jagen, schlagen sie mit ihren Pranken auf das Meereis und hören anhand der Wasserreflexion, wie dick das Eis unter ihnen ist. Dann brechen sie an der dünnsten Stelle das Eis auf und warten an den Wasserlöchern, bis eine Robbe dort nach Luft schnappt. In diesem Moment packt der Eisbär zu.

Ein gutes Indiz, dass Eisbären in der Gegend sein könnten, sind Spuren des vergleichsweise kleinen Polarfuchses im Schnee, denn dieser ernährt sich liebend gern von den Überresten der von den Eisbären erjagten Robben. Ein Eisbärmännchen kann aufrecht eine Größe von bis zu 3 Meter 40 erreichen und sein Körpergewicht bis zu 800 Kilogramm betragen. Die Weibchen sind zwar um einiges kleiner und leichter, aber wenn sie ihren Nachwuchs großziehen, ist mit ihnen nicht zu spaßen. Eisbären sind starke Individuen, Einzelgänger. Nur zur Paarungszeit, die rund eine Woche dauert und je nach nördlicher Breite zwischen März und Juni stattfindet, kommen Weibchen und Männchen zusammen. Acht Monate nach der Befruchtung kommen die jungen Eisbärchen zur Welt, wobei die eigentliche Tragzeit nur zwei bis drei Monate beträgt. Dies, da sich das Ei erst Ende August, Anfang September, einnistet, wenn klar ist, dass die Mutter durch den Nahrungsmangel im Sommer nicht zu sehr geschwächt ist, um die Schwangerschaft gut zu überstehen. Ist sie zu ausgehungert, wird das Ei vor der Einnistung resorbiert und die Trächtigkeit abgebrochen.

Bevor es zur Geburt kommt, vergräbt sich die angehende Eisbärenmutter in eine Höhle, bis die zunächst blinden und tauben, nur gerade 400 bis 900 Gramm leichten und fein behaarten, etwa kaninchengroßen Eisbärenjungen, meistens sind es zwei, zur Welt kommen. Schon nach nur zwei Monaten wiegen sie bereits 10 bis 15 Kilogramm. Sie werden bis zu zweieinhalb Jahre lang von ihrer Mutter gesäugt. Nach dieser Zeit werden sie von ihr vertrieben und sind von nun an auf sich allein gestellt. Kein Wunder, überleben bei diesen harten Bedingungen nur etwa die Hälfte der Eisbärenjungen das fünfte Lebensjahr. Der frühe Tod von jungen Eisbären geht aber nicht nur auf Verhungern oder Erfrieren zurück, sondern auch auf die Eisbärenmännchen. Um sich unliebsamer Konkurrenz zu entledigen, töten sie die Jungbären, während die Mutter mit Jagen beschäftigt ist und ihre Nachkommen nicht beschützen kann.

Die indigenen Völker jagten die Eisbären schon von jeher wegen ihres Specks, Fleisch und Fells, aber nur für den Eigengebrauch. Ab dem 20. Jahrhundert jagte dann auch »der weiße Mann« das prachtvolle Tier. Meist aus reinem Vergnügen am Töten und um mit der Bärenfell-Trophäe zu prahlen. Eisbären galten deswegen bis vor rund sechzig Jahren als beinahe ausgestorben. Erst in den 1970er-Jahren beschlossen Kanada, Norwegen, Dänemark, die Vereinigten Staaten und die Sowjetunion, die Jagd einzuschränken. Die Trophäenjagd ist in Grönland und Kanada aber weiterhin erlaubt. Im Jahr 2004 war ich zu Trainingszwecken in Resolute Bay, einer Gemeinde im hohen Norden Kanadas, und lernte dort einen reichen Adeligen aus Genf kennen, der einer Inuit-Jägerin für den Abschuss eines Eisbären 60 000 Franken anbot. Ich war über die Motivation dieses vermeintlich edlen Herrn absolut entsetzt.

Der hundertste Eisbär

Auf Spitzbergen lerne ich auch einiges über den sogenannt »hundertsten Eisbären«. Damit meinen die Einwohner Spitzbergens den Bären, der furchtlos, hungrig und aggressiv ist und sich anders verhält als neunundneunzig andere Eisbären, die einem Menschen begegnet sind. Der »hundertste Eisbär« ist entweder der alte, furchtlose Bär mit sehr viel Erfahrung oder der relativ junge, hungrige Bär, der von seiner Mutter frühzeitig fortgeschickt wurde und noch zu wenig eigene Jagderfahrung hat. Die meisten Bären lassen sich durch Warnschüsse einer Signalpistole einschüchtern und machen sich, aufgeschreckt durch den Knall und den in die Luft steigenden Feuerball, aus dem Staub respektive aus dem Schnee. Bei einer von hundert Begegnungen zwischen Eisbär und Mensch – so erzählt man hier – wird es tödlich enden. Meistens für beide. Während meiner Bärenschutz-Ausbildung stoße ich an allen Ecken und Enden auf Geschichten, die mir zeigen, dass »der hundertste Bär« nicht einfach ein Märchen ist, um Touristen einzuschüchtern, sondern dass von ihm eine reale Gefahr ausgeht. Bärenkenner, Regierungsvertreter, Jäger, Tour-Guides und Wissenschaftler – viele erzählen mir von ihren Begegnungen mit Eisbären, die glücklicherweise alle gut ausgegangen sind. Es gibt aber auch Geschichten, die fatal enden. Wenn einem ein Einheimischer auf Spitzbergen also sagt: »You never know, if it's the one hundredth bear«, will er darauf hinweisen, dass man nie wissen kann, wie aggressiv der Bär ist, dem man gerade begegnet.

Ob die beiden Touristinnen, die nach Longyearbyen kamen, um die Arktis kennen zu lernen, das wussten, ist mir nicht bekannt. Sie stiegen auf einen der nahe gelegenen Hügel, um den Ort, in dem rund 2000 Menschen leben, von oben zu fotografieren. Als sich ihnen ein hungriger Jungbär näherte, meinten die jungen Frauen zuerst, es handle sich um ein Rentier, da der Bär ausgemergelt und sein Fell schmutzig war. Er griff an, erwischte eine der beiden, tötete sie und fraß sie auf, während ihre Kollegin bei der Flucht über die Felsen abstürzte. Sie erlitt dabei einige Knochenbrüche, konnte aber von den Rettungskräften, die schnell zur Stelle waren, gerettet werden.

Kurze Zeit später unternahmen Schüler und Lehrer einen Ausflug auf Spitzbergen. Sie stellten abends ihr Camp unweit eines Fjords auf und wechselten nachts alle zwei Stunden die Wache aus. Vielleicht war die Wache eingeschlafen, jedenfalls näherte sich ein hungriger Eisbär dem Camp, zerfetzte ein Zelt und nahm eines der Kinder als Jagdbeute mit.

Mehr Glück hatten zwei junge Männer, die von Pyramiden aus Ausflüge in das nahe gelegene Gebirge machen wollten. Pyramiden ist eine ehemalige Bergarbeitersiedlung auf Spitzbergen, die zu ihrer Glanzzeit von bis zu tausend Siedlern bewohnt war. Heute ist der Ort eine Geisterstadt. Nur ein einziges Hotel dient Touristen als Unterkunft. Die zwei Männer richteten ihr Camp unweit der verlassenen Siedlung auf und installierten einen Bärenschutzzaun. Eines Morgens bemerkten sie überall um ihr Zelt herum Bärenspuren. Der Eisbär muss sehr schlau gewesen sein. Er hatte den Bärenschutzzaun wohl bemerkt, zwängte sich unter diesem durch und schnupperte an Schlitten und Zelten. Wohl weil er nicht hungrig, sondern nur neugierig war, zog er wieder davon, während die Männer selig schliefen.

Trotz oder gerade wegen meiner Liebe zu den Eisbären absolvierte ich daheim ein Jahr lang ein Schießtraining, um mich im Notfall verteidigen zu können. Dies jedoch immer in der Überzeugung, dass ich sowieso nie einem Eisbären begegnen würde. Die Schießübungen und die Auseinandersetzung mit den Waffen – ich ließ mich an einem Revolver und einem Gewehr ausbilden – sah ich als reine Pflichtübung an. Für mich hat das Schießen auf eine Zielscheibe etwas Abstraktes, es begann mich damals aber in gewisser Weise zu faszinieren, wohl weil ich von Anfang an eine gute Treffsicherheit hatte.

Dass ich Talent zeigte, war natürlich Balsam für mein sportliches Ego. Je länger ich mich aber mit dem Schießen befasste, desto mehr reifte in mir die Erkenntnis, dass ich es nicht fertigbringen würde, eine tödliche Waffe auf einen Eisbären zu richten. Die Arktis ist der Wohnraum der Eisbären. Und obwohl wir Menschen das Recht dazu haben, diesen Lebensraum zu betreten, sollten wir uns nicht das Recht herausnehmen, uns über ihn zu stellen. Einige Monate und viele Stunden des Reflektierens vergingen, bis in mir die innere Überzeugung gereift war und ich einen Pakt mit mir abschloss: Ich habe schießen gelernt, um mit meinen Schusswaffen gut umgehen zu können. Ich werde diese Waffen zur Selbstverteidigung mitnehmen. Sollte mir ein Eisbär gefährlich nahe kommen, werde ich alles Notwendige unternehmen, um ihn mittels Warnschüssen zu vertreiben. Aber ich werde niemals, auch nicht in einer Notsituation, den Lauf des Gewehrs oder des Revolvers auf einen Eisbären richten. Mit dieser inneren, unausgesprochenen Haltung reiste ich nach Spitzbergen, im Gepäck mein Gewehr und meinen Revolver.

❖

Milan Cermack, mein langjähriger Freund und Vertrauensarzt, der zu Forschungszwecken ebenfalls auf Spitzbergen weilt, zeigt mir nun, wie ich eine Signalpistole zu bedienen habe. Jetzt muss ich nur noch lernen, einen Bärenschutzzaun sicher zu installieren. Dann kann ich meine Nächte im Zelt in Ruhe verbringen. Zwar habe ich daheim schon fleißig zum Thema Bärenschutzzaun recherchiert, aber noch herrscht in meinem Kopf ein ziemliches Chaos. Das Schutzmaterial ist technisch ebenso ausgeklügelt wie gewöhnungsbedürftig. Ein kleiner Fehler, und du schießt dir entweder den Kopf weg oder in die eigenen Füße – je nachdem, wie du die Warnpatronen in die Zaunpfostenhalterung eingesetzt hast.

Zur Erklärung: Ein Bärenschutzzaun funktioniert allein akustisch. An vier bis sechs Aluminium- oder Holzstangen werden Halter befestigt, sogenannte Mounts. Auf diese Mounts kommt je ein Aufsatz, der aus drei Teilen besteht. In einen Teil kommt eine Schusspatrone, mit dem anderen Teil fixiert man die Schusspatrone am Aufsatz, und mit dem dritten Teil wird der Aufsatz mit der Schusspatrone am Halter fixiert. Mit einer Sicherheitsnadel sichert man nun ein Plättchen, das durch das Spannen einer Feder zwischen zwei Teilen am Aufsatz in eine Ritze geführt wird. Auf der anderen Seite des Plättchens wird eine Angelschnur befestigt. Nachdem man an allen Stangen Halter, Aufsätze und Plättchen mit der Angelschnur befestigt und Letztere gespannt hat, werden überall die Sicherheitsnadeln entfernt und so der Schutzzaun »scharf« gemacht.

In der Mitte dieses »Zauns« stellt man sein Camp auf. Nähert sich nun ein Eisbär und läuft in die Angelschnur, rutscht das Plättchen unter der Spannung der Angelschnur aus der Ritze, die Feder im Aufsatz schnellt zusammen und löst durch einen Dorn die Schusspatrone aus, die in den Boden zielt. Der einzige Zweck dieser zugegeben schwer zu erklärenden Vorrichtung ist, dass man durch den Lärm des Schusses aufwacht – selbst dann, wenn es stürmt und die flatternden Zeltwände Lärm verursachen. Das weitere Vorgehen ist dann folgendes: sich aus dem Schlafsack schälen, den Zelteingang öffnen und den Störenfried mittels Signalpistole und Leuchtpatrone erschrecken und vertreiben. Ich wollte eigentlich die scharfen Patronen durch Platzpatronen ersetzen, aber bei meinen Vorbereitungen habe ich festgestellt, dass ich die Platzpatronen bei Sturm im Zelt nicht höre. Sie sind zu leise. Also bediene ich den Bärenschutzzaun mit scharfer Munition, damit er als Warnanlage auch wirklich funktioniert.

Stick, ein bekannter Bärenkenner auf Spitzbergen, nimmt sich Zeit für mich und versucht, mir die Theorie dieses Systems näherzubringen. Ich habe zwar ein ungefähres Bild davon, was er mir sagt, aber ich will es ganz genau wissen. Schließlich reden wir von scharfem Geschütz, mit dem man sich auch selber töten kann. Stick erkennt wohl, dass ich ihm nicht wirklich folgen kann, denn sein Kopf wird immer röter, bis ich ihm direkt ins

Gesicht sage: »Ich verstehe kein Wort von dem, was du mir sagst. Du könntest auch Chinesisch mit mir reden. Ich kapiere es einfach nicht.«

Daraufhin setzt er sich mit mir an einen Tisch und beginnt, mir das Erklärte auf ein Blatt Papier aufzuzeichnen. So bekomme ich langsam ein ungefähres Bild davon, wie alles funktioniert. Später kaufe ich mir Stangen, Halter, Aufsätze, Munition, Angelschnur, Schrauben, Schraubenzieher und Bohrer, um das Gelernte endlich in die Praxis umzusetzen. Jeden Abend installiere ich den Bärenschutzzaun, um Routine zu bekommen. Bedenkt man, dass der kleinste Fehler fatale Folgen haben kann, stellt der Schutzzaun für den Menschen, der ihn installiert, wohl die größere Gefahr dar als für den Bären selbst.

Eine weitere Gefahr wird von den vielen Gletscherspalten ausgehen. Es ist schwierig, eine sichere, möglichst spaltenfreie Route über die zahlreichen Gletscher auszumachen, und es wird Teil meiner Aufgabe sein, den sichersten Weg zu finden. Gleichzeitig ist es höchste Zeit, mich um die Essensrationen zu kümmern. Jede einzelne Mahlzeit muss durch meine Hände ausgepackt, abgemessen, gewogen, ergänzt, neu eingepackt und verstaut werden. Um Gewicht zu sparen, achte ich darauf, möglichst kalorienreiche Nahrung mitzunehmen. Weil ein Gramm Fett mehr als doppelt so viele Kalorien hat wie Eiweiß und Kohlenhydrate, achte ich auf eine sehr fettreiche Diät. Das Müesli zum Frühstück wird mit kalt gepresstem Sonnenblumenöl und reiner Butter angereichert, das Abendessen mit kalt gepresstem Olivenöl und ebenfalls mit Butter. Während der Pausen dienen mir nicht nur Schokolade, Riegel, Dörrfrüchte, Nüsse und Käse als Energiequelle, sondern auch reiner Speck. Ihn verpacke ich in einer geruchsicheren Plastikbox, damit auf keinen Fall Eisbären davon angelockt werden. Diesen Speck ließ ich mir extra von einem

Metzger im Tessin zubereiten mit der Bitte, möglichst auf das Fleisch zu verzichten. Insgesamt brachte ich fünf Kilogramm reines Tessiner Schweineschmalz mit in die Arktis, das ich nun ebenfalls in Tagesrationen einteile.

Neben allen diesen Aufgaben will ich mein Training nicht vernachlässigen. Ich nutze das Laufband im Keller meiner Unterkunft oder mache ein paar Kräftigungsübungen in meinem Zimmer. Kommt nämlich mein Körper nicht zu seiner täglichen Portion Bewegung, staut er Energie auf. Ein Gefühl, als würden tausende Ameisen durch meine Blutbahnen wandern. Baue ich diese überschüssige Energie nicht in Form von körperlicher Betätigung ab, verfalle ich in eine Art Schlafmodus. Ich werde müde und träge. Ein Zustand, in dem man mir besser nicht zu nahe kommt.

Training und Ernährung

Seit 36 Jahren trainiere ich jeden Tag zwischen einer und fünf Stunden. Wobei das Wort »Training« in meinem Fall nicht wirklich zutrifft. Ich brauche keine Trainingspläne, keinen Coach, keine Ernährungsberater, weder Sportpsychologen noch Sportwissenschaftler. Der Antrieb kommt von jeher aus mir selber heraus. Das Training konnte ich aber nicht immer selbst bestimmen. Als Leichtathletin war ich ein Nachwuchstalent in der Mittelstrecke, im 800- und im 1500-Meter-Lauf. Remo Zberg, mein damaliger Trainer, war der Ansicht, dass mich, abgesehen von flachen Läufen, alles langsam mache. Deshalb durfte ich zu Trainingszwecken nur in flachem Gelände laufen. Fahrrad fahren, auf Berge rennen oder Ski fahren war verboten. Aber ich machte ihm ständig einen Strich durch die Rechnung. Wann immer ich Lust hatte, schwänzte ich die ersten zwei Stunden der Berufsschule und rannte von Hergiswil, meinem Heimatort, auf den Pilatus, unseren Hausberg. Ich rannte von 450 auf 2120 Meter hoch, und das in weniger als eineinhalb Stunden. Danach ging ich, verspätet, aber zufrieden und entspannt, in die Schule. Für mich war das kein Problem. Ich beherrschte Französisch, das in den ersten zwei Stunden gelehrt wurde, schon ziemlich gut. Meine Zeit wollte ich deshalb sinnvoller nutzen. Schließlich sah ich bei meinen Bergläufen Steinböcke, Gämsen, Murmeltiere, Enziane, Edelweiße und Bergdisteln – was konnte wichtiger sein als das? Auf die Frage meines Lehrers, Herrn Weiss, warum ich so oft zu spät zur Schule komme, antwortete ich ehrlich, dass ich jeweils auf den Pilatus renne. Er sagte darauf nur kurz und bündig: »Von mir aus kannst so oft auf den Pilatus rennen, wie du willst, Evelyne, zumindest solange deine schulische Leistung dabei nicht abfällt.«

Herr Weiss war ein guter Lehrer, ich mochte ihn sehr. Meinem Coach waren meine Bergläufe aber nicht egal. Wenn er mich deshalb rügte, schaute ich ihn reumütig an. Und nachdem er mich immer wieder über Trainingslehre, Trainingsweise, Trainingspläne, Trainingsintensitäten und Trainingspausen aufgeklärt und ich mir ungeduldig seine Vorträge angehört hatte, schenkte er mir jeweils sein verschmitztes Lächeln und fügte ganz nebenbei hinzu: »Nicht einmal ich kann so schnell auf den Pilatus rennen wie du.«

Ich war sechzehn, als mich ein Freund auf meine erste Skitour mitnahm. Selbstverständlich stiegen wir nicht gemächlich auf; jeder von uns wollte der Schnellere sein. Oben angekommen, packten wir ein paar Leckereien aus unseren Rucksäcken und genossen den Ausblick, bevor wir in zügigen Schwüngen durch den frischen Tiefschnee zurück ins Tal wedelten. Wie glücklich

ich war, dass ich nun im Winter bei Schnee mit Skiern an den Füßen auf die Berge »rennen« konnte, um danach wieder vergnügt hinunterzufahren. Als der Schnee im Frühling schmolz, begann ich zu klettern und freute mich über das Miteinander in einer Seilschaft, das völlig im Kontrast steht zum Gegeneinander auf der Tartanbahn. So wurde ich Alpinistin. Die harten Trainings als Leichtathletin hatten meine mentale Stärke geschult und geschliffen. Mit derselben enthusiastischen Einstellung, mit der ich die Leichtathletik betrieben hatte, betrieb ich jetzt den Alpinismus. Aber im Unterschied zur Leichtathletik konnte ich mich im Alpinismus, wann und womit immer ich wollte, verausgaben. Ich konnte bergauf oder bergab rennen, Velo fahren, auf Skitouren gehen, klettern, meine Kraft am Felsen steigern oder mit Hanteln und Gewichten trainieren. Ich konnte alles tun, was mir Freunde und Spaß bereitete und dazu diente, im Alpinismus und Sportklettern besser zu werden.

Als ich neunzehn war, stellte mich Remo vor die Wahl: »Entweder du hältst dich an meine Trainingspläne und wirst Läuferin, oder du kannst dein Glück anderswo suchen«, sagte er und schaute mich eindringlich an.

Es fiel mir unendlich schwer, ihn zu enttäuschen. Aber ich konnte nicht anders, ich entschied mich für den Alpinismus. Bereits fünf Jahre später war ich ausgebildete Berufsbergführerin. Europaweit, wenn nicht sogar weltweit gab es damals erst eine Handvoll weibliche Bergführer. Rückblickend kann ich mit gutem Gewissen sagen, dass Remo der Mensch war, der mir in meinen pubertierenden, schwierigen Jahren eine Linie und Halt gab und mir den Glauben an mich selbst schenkte. Für seine Führung in meinen jungen Jahren bin ich ihm mein Leben lang dankbar.

Training ist für mich also mein persönlicher, körperlicher Ausdruck. Es ist die Lust, eine körperliche Leistung zu vollbringen, und die Freude darüber, dies individuell und intuitiv nach Tagesform, Wetter, Zeit und Möglichkeit zu tun. Finde ich Kletterpartner, gehen wir klettern und tun dies leistungsorientiert; sind meine Arme und meine Psyche müde vom Klettern, renne ich die Berge hoch; bin ich schon früh am Morgen für ein Referat gebucht oder den ganzen Tag beruflich unterwegs, stehen die Chancen gut, dass ich morgens um vier Uhr in meinem kleinen, privaten Fitnessbereich ein hartes Stehvermögen-Training absolviere; und bin ich als Bergführerin mehrere Tage am Stück auf den Viertausendern unserer Alpen unterwegs, tue ich auf diese Weise genug für meine Ausdauer und hänge mich deshalb frühmorgens eine Stunde lang an den Griffbalken oder mache Kräftigungsübungen für Arme und Rumpf.

Ähnlich instinktiv halte ich es mit der Ernährung. Ich esse, wozu ich Lust habe. Ist es eine Bratwurst, lege ich eine Bratwurst auf den Grill. Ist es Schokolade, esse ich Schokolade. Meine Haupternährung besteht aber aus Müesli und Früchten, Salaten, Milchprodukten, Fleisch und Brot. Vielleicht mutet diese Einstellung zum Training und zur Ernährung etwas salopp an. Aber ich habe meine Gründe: Als junge Leichtathletin driftete ich in eine Magersucht ab. Ich wollte leicht sein, um auf der Laufbahn schnell zu sein. Denn »leicht« setzte ich gleich mit »leistungsfähig«. Ich befand mich im Zwang der Ernährung. Kohlenhydrate, Fette, Eiweiße – jedes Gramm wog ich ab und hungerte mich bei einer Körpergröße von 1 Meter 78 auf 47 Kilogramm herunter. Das ergab einen Body-Mass-Index zwischen 14 und 15, was starkes Untergewicht bedeutet und grundsätzlich ärztliche Betreuung notwendig gemacht hätte. Erst der Wechsel von der Leichtathletik zum Alpinismus half mir sukzessive und ohne Arzt über die Krankheit hinweg. Um für das Sportklettern kräftig zu werden, nahm mich ein Freund mit in ein Fitnessstudio, in dem Bodybuilder trainierten. Schwere, muskulöse Männer, deren Ziel es war, an Gewicht zuzulegen. Ihre Philosophie war, lange und hart zu trainieren und möglichst viel und gesund zu essen, um Muskelmasse aufzubauen. Auf jedes Kilo, das sie zunahmen, waren sie mächtig stolz. Mir imponierte das. Ich kopierte ihre Philosophie und passte sie meinem Sport an. Ein paar Jahre später war ich, je nach Jahreszeit, nicht nur dreizehn bis fünfzehn Kilogramm schwerer, sondern kletterte bei den Frauen auf schweizweit höchstem Niveau. Rückblickend haben mir diese Männer zu einem normalen Leben zurückverholfen, auch wenn es über acht Jahre dauerte, bis ich mich von der Magersucht restlos befreien und heilen konnte.

Als Ueli Steck 2007 seinen ersten Speed-Rekord an der Eiger-Nordwand aufstellte, verkündete er, diese Leistung sei nur dank einem ausgeklügelten Konzept mit Coaches, Trainingsplänen, Mentaltrainern und Ernährungswissenschaftlern möglich gewesen. Seine Überzeugung war, dass man die Trainingselemente und Trainingsgrundlagen des Spitzensports in den Alpinismus übertragen müsse, um herausragend zu werden. Aufgrund meines persönlichen Backgrounds bin ich aber der Überzeugung, dass der Alpinismus genau von solchen Zwängen und Einschränkungen verschont bleiben sollte. Alpinismus bedeutet Freiheit. Daher sollte er frei von Trainingsvorschriften, Tabellen und bis ins Detail ausgeklügelten Ernährungsplänen bleiben, trotz dem Anspruch auf Höchstleistungen.

✦

Meine über sechzehn Jahre verteilten, mehrwöchigen Expeditionen zu den Polen dieser Welt hatten nicht nur zur Folge, dass ich dem Klettern und dem Alpinismus jeweils für eine gewisse

Zeit den Rücken zukehren musste. Sie verlangten auch jedes Mal eine völlig andere körperliche Anpassung. Es mussten nicht nur Muskeln, sondern auch Körperfette aufgebaut werden. Ersteres gelang mir gut, das Zweite war deutlich schwieriger, das wusste ich bereits von meiner Expedition zum Südpol. Zum Glück sind für die nun kommende dritte Etappe auf dem Weg zum Nordpol – die Durchquerung von Spitzbergen von Süd nach Nord – und die darauf folgende, letzte Etappe rund fünf zusätzliche Kilos auf meinen Rippen ausreichend. So muss ich mich nicht auch noch darum kümmern, sondern kann mich voll auf den spezifischen Muskelaufbau von Rumpf und Beinen konzentrieren. Will ich nämlich während mehrerer Wochen einen achtzig bis hundert Kilogramm schweren Schlitten hinter mir herziehen und die Tour nicht mit Rückenschmerzen durchleiden oder gar abbrechen müssen, ist die Kräftigung dieser Muskelpartien schlicht unerlässlich.

Ebenso die Bereitschaft, auf vieles zu verzichten, zum Beispiel die Körperhygiene. Duschen liegt nicht nur wegen der Temperaturen von zwischen gefühlt »warmen« 15 Grad unter null bis hin zu eiskalten 55 Grad unter null nicht drin, sondern auch, weil ich gar nicht so viel Schnee schmelzen könnte. Kommt dazu: Um Gewicht zu sparen, trägt man die mehrschichtige Bekleidung, auch die unterste Schicht, über mehrere Wochen, ohne sie auch nur einmal auszuziehen. Und: Obwohl sich meistens mehrere Personen ein Zelt teilen, wird nicht draußen gepinkelt, sondern in eine dafür vorgesehene Flasche im Zelt, wo es zwar auch kalt ist, aber immerhin nicht stürmt. Nur das große Geschäft, das Geschäft Nummer zwei, wird draußen erledigt, Sturm und Kälte hin oder her.

Aufbruch
11. März 2017

Seit zehn Tagen bin ich nun auf Spitzbergen. Es kommt mir viel länger vor. Die Gefühle wandern kurz vor meinem Start von »zuversichtlich« über »besorgt« bis hin zu »tief besorgt« und wieder zurück zu »zuversichtlich«. Ich kenne das von früheren Unternehmungen. Ich bin aus mehreren Gründen besorgt: Ein kräftiges Tief mit heftigem Schneefall liegt über Spitzbergen. Der Wetterbericht warnt vor einem zusätzlichen Blizzard über der Insel. Ich werde also »im Blindflug« unterwegs sein und wegen des diffusen Lichts im Whiteout weder Konturen noch Gletscherspalten erkennen können. Wer beim Skifahren schon einmal erlebt hat, wie der Himmel nahtlos in die Piste übergeht, und komplett von einem milchigen Weiß eingehüllt wurde, kennt dieses beklemmende Gefühl. Man weiß nicht mehr, wo oben und unten, wo links oder rechts ist. Auch die Aussicht auf eisige Temperaturen bis hin zu minus 55 Grad, Schneestürme, Einsamkeit und Eisbären vermögen mein Gemüt nicht wirklich aufzuhellen.

Ich habe mich nie sonderlich mit der Literatur unserer Abenteurer-Urväter beschäftigt. Aber die wichtigsten Geschichten sind auch an mir nicht vorbeigegangen. Die Vorstellung, was ein Amundsen, ein Nansen, ein Scott, ein Peary, ein Byrd, ein Shackleton und all die weniger bekannten Abenteurer und Forscher mit ihren Leuten vor über hundert Jahren geleistet haben, macht mich demütig. Die Expeditionen von damals sind in keiner Art und Weise mit den heutigen zu vergleichen. Aber die Arktis ist und bleibt die Arktis. Sie ist Gastgeberin und Meisterin in einem. Sie ist unwirtlich, grausam und wunderschön zugleich. Und ich? Bin Gast und Bittstellerin, ein kleiner Punkt in ihr. Ein Nichts. Dessen bin ich mir bewusst.

Bald ist Aufbruch. Ein letztes Mal einen Kaffee aus der Kaffeemaschine, ein letztes Mal warmes Wasser aus dem Wasserhahn, ein letztes Mal ein warmes, weiches Bett genießen. Dann geht es los. Ich bin nervös. Den nördlichsten Punkt von Spitzbergen auf Skiern Anfang März zu erreichen, ist eine arktische Winterexpedition. Sie ist ernsthaft und kann, wie alle Unternehmungen in diesen Kälteregionen, mit dem Tod enden. Die kommenden zwei Etappen zum Nordpol werden meinen vollen Einsatz fordern. Ich werde alles dafür geben.

✦

Das Wetter beim Start ist wunderschön, immerhin. Aber die Wettervorhersage kündigt für heute Nacht einen Wetterumschwung an. Verschiedene Langzeitprognosen sind sich einig: Das Wetter wird in den kommenden zwei Wochen schlecht sein. Ich spiele deshalb kurz vor dem Start nochmals alle möglichen Varianten in meinem Kopf durch. Sollte ich vielleicht die ganze Etappe auf den Kopf stellen? Mich nach Norden transportieren lassen und dann den ganzen Weg zurückgehen? Auf diese Weise könnte ich mir während der Fahrt mit dem Schneemobil-Scooter ein erstes Bild über die mir unbekannte Topografie der Täler, Gletscher und Nunataks machen und die Schlüsselstellen und Spaltenzonen auf den Gletschern wie eine Fotokopie in mein

Gehirn einscannen und in meinem GPS abspeichern. So könnte ich zumindest das Risiko eines möglichen Gletscherspalten-Sturzes minimieren.

Ich überprüfe die Wetterdaten zum gefühlt hundertsten Mal, bleibe dann aber bei meinem ursprünglichen Plan, Spitzbergen von Süden nach Norden zu durchqueren. Psychisch ist es weniger belastend, sich bei schlechtem Wetter von einem sicheren Ort wie Longyearbyen wegzubewegen, anstatt sich hoch im Norden allein in der endlosen Weite der Arktis, fern von allen möglichen Notlösungen absetzen zu lassen. Außerdem ist Milan immer noch in Longyearbyen. Er ist quasi meine Lebensversicherung. Wir vereinbaren, dass ich ihm jeweils um sieben Uhr morgens per Satellitentelefon meine genaue Position durchgebe. Er wird mich dafür täglich mit den neusten Wetterdaten versorgen.

Ich bin sehr froh, dass er mir den Start etwas erleichtert und mich ein Stück hinaus in die arktische Wildnis begleitet. Am späten Nachmittag kommt der Moment, wo er in die Zivilisation zurückkehrt.

»Machs gut, Evelyne«, sagt er, bevor er mich allein mit meinem Kloß im Hals und meinem Schlitten zurücklässt.

Seltsam, seit Milan nicht mehr bei mir ist, fühlt sich mein Schlitten mit seinen hundert Kilogramm noch schwerer an als vorher. Kurz vor dem Eindunkeln stelle ich mein erstes Camp auf, installiere den Bärenschutzzaun, so wie ich es gelernt habe, schmelze Schnee auf dem Kocher und übergieße das dehydrierte Abendessen mit dem mittlerweile kochenden Schneewasser. Weil die Temperaturen nachts bis unter minus 25 Grad absinken, ziehe ich vorsichtshalber zwei zusätzliche Kleidungsstücke an, bevor ich mich in meinen Schlafsack einbette. Meine Grundbedürfnisse sind gestillt: Ich habe ein Dach über dem Kopf, mein Bauch ist voll, es ist angenehm warm, und meine Muskeln sind müde.

Später werde ich oft gefragt werden, ob und wie ich in den polaren Gebieten überhaupt habe schlafen können. Eine gute Frage, schließlich entsprechen die Umstände hier nun wirklich nicht der Norm. Aber nicht nur ich bin mir dessen bewusst, sondern auch meine Seele. Im Schlaf hat sie endlich die Möglichkeit, vor dieser menschenfeindlichen Umgebung zu fliehen. Sobald ich eingeschlafen bin, geht sie weit fort, an einen Ort, an dem es weich ist und kuschelig. An einen Ort, an dem sie eingebettet ist und gut aufgehoben. Dieses wohlige Gefühl überträgt sich auch auf meinen Körper. Um diesen Zustand zu erreichen, müssen die äußeren Umstände aber sehr extrem sein. So wie hier. Deshalb schlafe ich in der Regel tief und fest. Umso schwerer ist dafür das Aufwachen: Der Moment, wenn das Weiche der Nacht auf die Härte des Tages prallt, ist jedes Mal brutal. Denn bis die harte Realität des Tages die weiche Traumwelt der Nacht vertrieben hat, dauert es nach dem Erwachen immer ein paar Minuten. Momente, die sich anfühlen wie eine Zwischenwelt, so lange, bis der Wille wieder zur ganzen Kraft und die Psyche zur vollen Bereitschaft zurückgefunden hat.

※

Zwei Tage lang geht alles gut. Doch am dritten Tag fängt das Unheil an. Im letzten Spätherbst hatte es, wie so oft in den vorangegangenen Jahren, auf Spitzbergen heftig geregnet. Das Land hatte das Regenwasser aufgesogen, sodass das Wasser im Boden beim Wintereinbruch gefror. Jetzt liegt zwar eine zwanzig Zentimeter dünne Schicht Neuschnee, aber die Heringe, die ich zum Aufstellen des Zeltes im Boden verankern muss, finden darin nicht genügend Halt. Es gelingt mir einfach nicht, sie in den tiefgefrorenen Boden zu rammen. Auf all meinen bisherigen Expeditionen und Touren bin ich noch nie derartigen Bodenbeschaffenheiten begegnet. Beschaffenheiten übrigens, die nicht nur mir, sondern auch den Rentieren zu schaffen machen. Die Wissenschaftler auf Spitzbergen haben die Konsequenzen der Klimaerwärmung analysiert und herausgefunden, dass der vermehrte Regen, der im Herbst hier fällt und dann zu Eis gefriert, den Rentieren die Lebensgrundlage entzieht. Sie kommen in den Tälern, in denen sie sich im Winter aufhalten, nicht an die trockenen und energiespendenden Grashalme heran, da diese unter einer Eisschicht begraben sind. Die Folge davon: Die Tiere sind in den vergangenen sechzehn Jahren durchschnittlich sieben Kilogramm leichter geworden.

Aber zurück zu meinem Problem mit den Heringen. Zum Glück habe ich daheim drei zusätzliche Eisschrauben eingepackt. Dies für den Fall, dass ich auf einem Gletscher eine kurze Eiswand zu überwinden hätte. Eisschrauben sind zwei Zentimeter dicke, hohle Röhren mit einem Gewinde aus Aluminium, Titan oder Eisen oder aus einer Legierung von einzelnen dieser Komponenten. Schraubt man sie an einer Lasche haltend ins Eis, bohren sie sich in die harte Oberfläche hinein wie in Butter. Mir kommen die Eisschrauben jetzt gerade recht. Ich zweckentfremde sie kurzerhand und sichere damit mein Zelt gegen Wind und Sturm. Ein Zelt aufzubauen, ist sehr heikel, denn bevor es gesichert ist, gleicht es einem Segel, das nicht arretiert im Wind steht und wild herumflattert.

In der Arktis meldet sich der Sturm nicht wirklich an. Vielmehr braust er, einem TGV ähnlich, leise, aber doch mit über 200 Stundenkilometern unbemerkt heran. Alles, was bei seiner Ankunft nicht gesichert ist, wird weggefegt und ist verloren. Der Kampf gegen den arktischen Wind ist deshalb wie der Kampf gegen Goliath, den man, als kleiner David, zwingend gewinnen muss. Reagiert man nicht schnell genug und wirft sich mit dem ganzen Körpergewicht über das noch nicht fertig aufgebaute Zelt, wird es einfach mitgerissen und die schützende, überlebenswichtige Hülle von der endlosen Weite verschluckt. Sie verschwindet in der eisigen Todeskälte, im Niemandsland auf Nimmerwiedersehen. Solch widrige Umstände haben schon für einige das Todesurteil bedeutet. Nicht nur in der Arktis, der Antarktis oder auf den höchsten Bergen der Welt, sondern auch in unserem Alpengebirge.

Deshalb gilt für mich: Die erste Eisschraube durch die Zeltbodenlasche ziehen, Schnee und Firn wegschaufeln, um an das solide Eis darunter zu kommen, Eisschraube eindrehen. Die zweite Eisschraube durch die Zeltbodenlasche ziehen, Schnee und Firn wegschaufeln, Eisschraube eindrehen. Zeltstange einfahren, durchziehen, einklinken. Jetzt flattert das Zelt wie eine Fahne im Wind. Ich bin jedes Mal von neuem überrascht, dass der dünne Nylonstoff diese massive Belastung aushält. Jetzt gehe ich auf die windabgewandte Seite des Zeltes. Eine einzige Eisschraube bleibt mir noch. Also ziehe ich auch diese durch eine Zeltbodenlasche und will dann Schnee und Firn wegsch… – verdammt, ich habe die Schaufel auf der windzugewandten Seite liegen lassen. Also Zelt festhalten, Schaufel holen. Schnee und Firn wegschaufeln, die dritte Eisschraube in das solide Eis eindrehen. Schneehaufen schaufeln. Skier in die Schneehaufen stecken, Zeltschnüre an ihnen festbinden. Weitere Schneehaufen schaufeln, die Stangen für den Bärenzaun zweckentfremden und ebenfalls in die Schneehaufen stecken. Die restlichen Zeltschnüre festbinden. Schnee auf den Zeltsaum schaufeln, damit der Wind nicht zwischen das Innen- und das Außenzelt eindringen und mein lebensrettendes »Zimmer« zerfetzen kann. Geschafft! Ganz wohl ist mir bei der Sache nicht, denn ich verzichte zugunsten der Sicherung des Zeltes bewusst auf den schützenden Bärenzaun.

Ich ziehe meinen Schlitten vor den Zelteingang, werfe meine dünne Isolationsmatte in das Zelt, blase meine Schlafmatte auf und werfe sie zusammen mit dem Schlafsack ebenfalls in das Zelt. Den Kocher deponiere ich im Vorzelt. Kleider, Reparaturset, Abendessen und Frühstück platziere ich auf der linken Seite des Zelteingangs. Dann entriegle ich das Gewehr und überprüfe die Munition, um es im Vorzelt zu deponieren. Ich überprüfe den Revolver, den ich auf die rechte Seite des Zelteingangs lege, lade die Signalpistole und platziere sie, nachdem ich deren Funktionalität überprüft habe, ebenfalls auf der rechten Seite des Zelteingangs. Mit einer Bürste klopfe ich mir den Schnee von Hose, Jacke, Mütze und Schuhen, und jetzt, nachdem ich mich zwei Stunden lang mit diesem Prozedere beschäftigt habe, kann ich mich endlich in den Zelteingang setzen, den Kocher starten und damit beginnen, Schnee zu schmelzen. Gierig esse ich mein Abendessen auf und trinke dazu eine heiße Schokolade. Ich entnehme dem GPS die Koordinaten und schreibe diese sowie die zurückgelegten Kilometer in mein Tagebuch. Mehr schreiben mag ich nicht.

Während ich mutterseelenallein in meinem Zelt liege, frage ich mich, was wohl die Menschen draußen in der Zivilisation um diese Zeit machen. Fußball schauen? Kochen? Mit Freunden in einer Bar ein Bier trinken? An wichtigen Sitzungen wichtige Entscheide fällen? Ich bin dankbar für mein Alleinsein. Meinen eigenen Gedanken nachhängen tut mir gut. Meine größte Sorge gilt nach wie vor dem Wetter. Denn bei einer arktischen Winterexpedition im Alleingang muss dieses Gnade zeigen. Ansonsten wird aus einer schwierigen ganz schnell eine gefährliche Situation. Den Gedanken an Bären, die mich möglicherweise nachts besuchen könnten, verdränge ich erfolgreich und sinke tiefer in meinen Schlafsack. Die Stille wird nur durch das Pfeifen des Windes und das Flattern der Zeltwände durchbrochen. Kein anderes Geräusch, das sich nicht zuordnen ließe, stört mich hier. Ich liebe diese Stille, höre ihr zu, sauge sie auf. Die Stille fordert nicht, im Gegensatz zum Lärm, der mir ständig seine Dominanz aufzwingt. Die Stille ist anders, subtiler, verbindender, mit der Natur und mit dem Nichts. Mit diesen Gedanken falle ich bald in einen tiefen, traumreichen Schlaf.

Wie von den Wettervorhersagen richtig angekündigt, zieht in dieser Nacht das schlechte Wetter auf. Noch hält sich der Sturm zwar fern, aber wohl nicht mehr lange. Als ich am frühen Morgen aufwache und mich aus dem Schlafsack schäle, um den Zelteingang zu öffnen, ist die Sicht gleich null. Ich wusste, dass mir der arktische Winter keine Geschenke machen würde. Doch nun blicken meine Augen in ein weißes Nichts. Ich bin schlagartig hellwach. Ich befinde mich in einem breiten Tal. Trotz dem Whiteout meinen Weg zu finden, wird nicht allzu schwierig sein. Solange ich mich nicht auf Gletschern bewege und den Gefahren von Gletscherspalten ausgesetzt bin, fühle ich mich auch bei diffusem Licht sicher. Aber bald betrete ich die Gletscherzunge und werde einige verschiedene, in sich zusammenlaufende Gletscher traversieren müssen, deren Spaltenverlauf ich noch nicht kenne. Ohne Sicht auf solchen Spaltenzonen unterwegs zu sein, ist lebensgefährlich.

Wäre ich nicht allein, könnte ich mich anseilen. Fiele ich in eine Spalte, könnte mein Expeditionspartner das Seil fixieren, damit ich mich an diesem hochhangeln und befreien könnte, oder umgekehrt. Wäre einer verletzt und nicht fähig, sich selbst zu befreien, würde der Seilzweite das Seil im Schnee verankern und den Gestürzten mittels Flaschenzug aus der Gletscherspalte bergen. Unzählige Male habe ich als Bergführerin meine Kunden dieses Szenario gelehrt und sie für einen solchen Fall trainiert.

Ich selber brach nur einmal ernsthaft in eine Gletscherspalte ein. Aber dieser Fall hätte tragisch enden können, hätte ich nicht das Glück auf meiner Seite gehabt. Ich war unterwegs im Gebirge des Mont Blanc, um jemandem zu Hilfe zu kommen, der sich im Nebel verirrt hatte. Ich ahnte die ungefähren Koordinaten, weil der Mann unweit von seinem Ausgangspunkt sein musste, der mir bekannt war. Doch der dichte Nebel machte den Aufstieg zur reinen Konzentrationssache. Damals benutzte man im Gebirge noch kein GPS. Denn zu dieser Zeit wurde die Genauigkeit von Satellitensignalen noch bewusst verschlechtert, um potenzielle militärische Gegner von einer genauen Positionsbestimmung auszuschließen. So navigierte ich im Nebel immer nur mittels Karte, Kompass und Höhenmeter. Ich war geübt darin, war ich doch oft bei schlechtem Wetter im Gebirge unterwegs. Doch »im Blindflug« zu jenem verirrten Mann, sackte der Schnee plötzlich unter meinen Füßen weg. Reflexartig streckte ich meine Arme seitlich von mir weg und hing nur einen Wimpernschlag später wie Jesus am Kreuz an den Seitenrändern einer Gletscherspalte; unter meinen baumelnden Füßen nichts als gähnende Leere. Ein Formel-1-Wagen beschleunigt in 2,5 Sekunden von 0 auf 100 Stundenkilometer. Mein Gehirn benötigte nur einen Bruchteil dieser Zeit, um das Maximum an Adrenalin in mein Blut zu pumpen. Mit ganzer Kraft stemmte ich mich hoch, bis es mir endlich gelang, meinen Körper talwärts aus der Gletscherspalte zu rollen. Das war knapp! Ich brauchte eine Weile, um mich zu erholen, führte dann aber meinen Weg im Nebel fort, fand den Verirrten, und ohne weiteren Zwischenfall gingen wir zusammen zurück zur Hütte. Seither habe ich Alleingänge auf dem Gletscher bei Whiteout vermieden. Bis jetzt. In zwei Tagen werde ich die Gletscherzunge erreichen und dann ...

Ich beschließe, nicht an übermorgen zu denken, sondern dankbar dafür zu sein, dass ich noch gut zwei Tage durch die Täler wandern und in Sicherheit sein werde, trotz Nebel und Schneefall. Ich nehme die Karten hervor und errechne eine Route, die ich auf mein GPS übertrage, während der Benzinkocher surrt und der Schnee in der Pfanne zu Wasser schmilzt. Eine heiße Schokolade wird mir guttun. Danach werde ich mein Camp abbauen und weitergehen. Ich bin froh um mein Spezialzelt, denn der Vorteil eines Tunnelzelts für Polarexpeditionen ist, dass das Innenzelt am Außenzelt aufgehängt ist. Es braucht also nur einen Arbeitsgang, um das Zelt auf- und abzubauen. Außerdem müssen beim Abbau des Zeltes die Stangen nicht herausgenommen werden, was abends das Aufstellen erleichtert. Die Zeltstangen werden nur auf der einen Seite entriegelt. Dann wird das ganze Zelt den Stangen entlang nach hinten gezogen, und die Zeltstangen werden in der Mitte wie ein Buch zusammengefaltet. Zum Schluss wird das Zelt samt Stangen wie eine große Roulade zusammengerollt, um es zusammen mit den Bärenwarnsystem-Stangen in einen Skisack zu legen. Wenn der ganze Schlitten bepackt ist, kommt der Sack zuoberst auf den Schlitten, wo er mit Bändern gesichert wird.

Ich bin bereit für den Tag und ziehe los. Der Neuschnee bremst den Zugschlitten, und das Whiteout macht das Vorwärtskommen enorm anstrengend. Ich bete, während ich mich Schritt für Schritt vorwärtskämpfe.

Mein Herr und mein Gott,
nimm alles von mir,
was mich hindert zu Dir.
Mein Herr und mein Gott,
gib alles mir,

was mich fördert zu Dir.
Mein Herr und mein Gott,
nimm mich mir
und gib mich ganz zu eigen Dir.

Nach diesem kräftezehrenden Tag bin ich gerade dabei, mein Camp für die Nacht aufzubauen, als mir zwei Polizisten auf ihren Schneemobilen entgegenkommen. Sie stellen sich vor, sagen, dass sie im nahe gelegenen Fjord ein paar Arbeiten erledigt und sie auf dem Rückweg nach Longyearbyen mein Zelt gesichtet hätten. Ich hingegen vermute, dass sie mich gezielt gesucht hatten, um festzustellen, ob alles in Ordnung sei. Wie auch immer. Ich erkläre ihnen, dass die äußeren Umstände sehr schwierig seien, und ich aufgrund des gefrorenen Bodens die Stangen, die eigentlich für den Bärenschutzzaun vorgesehen waren, zweckentfremden müsse, um mein Zelt damit zu sichern. Die Polizisten sind nicht erfreut über diese Tatsache. Erst kürzlich sei in diesem Tal eine Bärenmutter mit zwei Jungen gesichtet worden, klären sie mich auf. Ich schlucke leer, denn ich weiß natürlich, dass mit einer Bärenmutter nicht zu spaßen ist. Wäre sie hungrig, wäre sie zu allem fähig. Die Polizisten verabschieden sich, aber erst, nachdem ich ihnen versprochen habe, mein Camp an einem sichereren Ort aufzuschlagen. Ich fühle mich alles andere als gut dabei, gehe für mich aber trotzdem nochmals den Kompromiss ein, hoffentlich ein letztes Mal das Zelt mit den Bärenstangen zu sichern und auf den Schutzzaun zu verzichten. Morgen muss ich eine neue Lösung finden, das ist mir klar. Ebenso klar ist, dass sich die unglücklichen Umstände kumulieren und sich die Risikofaktoren dadurch zunehmend steigern.

Am fünften Tag bekomme ich von Milan über Satellit die Warnung, dass sich über Dickson-Land, westlich meiner derzeitigen Position, ein Sturm zusammenbraut, der zwei Tage anhalten wird. Die Temperaturen von momentan 25 Grad unter null werden auf einen Windchill von bis zu minus 38 Grad absinken. »Das Wetter wird sich auch auf weitere Sicht hinaus nicht bessern«, sagt Milan besorgt. Er habe außerdem die Männer getroffen, die mich nach erfolgter Mission abholen werden und die rund 600 Kilometer lange Strecke mit den Schneemobilen zurücklegen müssen. »Sie machen sich Sorgen«, höre ich Milan sagen, während es im Hörer knackt und rauscht. »Sie fragen sich, ob die Strecke bei diesen miserablen Sichtbedingungen überhaupt zu schaffen ist.«

Sicher, die Jungs, die mich zurück nach Longyearbyen bringen sollen, sind wilde Kerle, die sich mit polaren Verhältnissen bestens auskennen. Trotzdem behagt mir der Gedanke nicht, dass sie sich meinetwegen in Gefahr bringen müssen. Andererseits: Holen mich die Männer nicht pünktlich ab, wird mir mein Proviant ausgehen und die Etappe unweigerlich zu einem Überlebenskampf werden.

Obwohl ich erst seit wenigen Tagen unterwegs bin, wird mir klar, dass ich den Norden Spitzbergens unter diesen miserablen Bedingungen nicht erreichen werde. Mein Verstand weiß, dass es absolut keinen Sinn macht, es weiter zu probieren. Aber mein Stolz will diese Erkenntnis nicht zulassen und weitermachen. Unbedingt! Ich habe hart an dieser Etappe gearbeitet, habe den Willen entwickelt, meinen Fokus eingestellt, meine Komfortzone und alles, was mir lieb war, verlassen. Ich habe meine ganzen Kräfte eingesetzt und viel Geld investiert. Und jetzt zwingen mich die Wetterverhältnisse in die Knie. Sie lassen ein Durchkommen durch das Eis schlicht nicht zu. Mein Kampf gegen die

Naturgewalten wird zu einem inneren Kampf. Es geht darum, meinen Stolz fallen zu lassen und Demut zu üben. Das Resultat ist ein Entscheid gegen meinen Willen, zugunsten der Vernunft.

Vom Tod

Ich bin überzeugt davon, dass sich ein Unglück anmeldet. Nicht mit Pauken und Trompeten, sondern auf leisen Sohlen. Vielleicht anhand eines vagen Gefühls, eines unerklärlichen Unwohlseins, einer Beklommenheit, die sich durch leichte Verwirrung bemerkbar macht. Der Verstand verdrängt diese Töne in der Regel und vertreibt den ungebetenen Gast aus unserer Gedankenwelt, redet uns ein, er sei ein Hirngespinst. Oder man glaubt, man könne nicht anders und müsse das tun, was man sich in den Kopf gesetzt hat oder was andere von einem verlangen. Dabei belügt man aber nur sich selbst. Denn nichts ist wichtiger, als auf sein Gefühl zu hören und ihm zu vertrauen. Ein Raucher lebt mit dem Bewusstsein, dass Rauchen eine lebensverkürzende Gewohnheit ist. Ein Unternehmer akzeptiert seinen Stresslevel, weil er glaubt, nur auf diese Weise erfolgreich zu sein. Daran ist nichts falsch. Aber wir müssen uns der Verantwortung und den Konsequenzen unseres Tuns bewusst sein. Steigt ein Bergsteiger in eine Wand ein, obwohl er dabei ein ungutes Gefühl hat, könnte es sein letzter Aufbruch sein.

Ich habe für die disharmonischen Töne im Laufe der Jahre ein Feingespür entwickelt. Ich musste lernen, die diffusen Gefühle, die Unheil ankünden, ernst zu nehmen, wollte ich nicht dauernd durch Unfälle und Verletzungen oder gar durch einen tödlichen Fehler für immer ausgebremst werden. Manchmal war es nur ein

Gedankenblitz, manchmal eine intensive Vorahnung, und einmal wurde ich auf einer Expedition sogar ernsthaft krank. Ein paarmal konnte ich durch die Vorwarnung ein Unheil abwenden, manchmal lief ich aber mit Scheuklappen weiter, bis es krachte. Einmal hat das Glück das Unglück im letzten Moment aufgehalten – das war im Khumbu-Eisfall am Everest, als sich hoch über mir, auf der Westschulter, ein riesiger Sérac, ein Turm aus Gletschereis, löste, der Schneemassen und Felsblöcke mit sich riss. Ich rannte zurück in die Richtung, aus der ich gekommen war, und konnte mich im letzten Moment in einer kleinen Gletscherspalte verstecken, bevor die Eislawine über meinen Kopf hinwegdonnerte.

Es ist nicht leicht, das diffuse Unwohlsein von grundsätzlicher Angst zu unterscheiden. Manchmal hat man vor einer großen Tour einfach nur Bammel, weil sie irrsinnig anstrengend und schwierig ist. Aber hier, auf Spitzbergen, ist es nicht die Angst, die mich rettet, sondern die Erkenntnis, dass sich das Unheil bereits angebahnt hat und ich es nur abwenden kann, wenn ich tue, was mein Bauch mir mit aller Deutlichkeit sagt: Rückzug! Nach knapp einer Woche baue ich im Schneegestöber und Whiteout mein Camp ab, grabe mein Zelt aus, das halb unter den Schneemassen begraben liegt, ziehe meinen Schlitten aus den Schneeverwehungen, belade ihn mit meinem Equipment, ziehe meine Skier an und gehe in die meinem Ziel entgegengesetzte Richtung, zurück nach Longyearbyen.

Kopfzerbrechen

Erstaunlicherweise haderte ich im ersten Moment nicht so sehr. Erst als ich zurück war in der Schweiz, realisierte ich, dass mein Rückzug auf Spitzbergen größere Spuren hinterlassen hat, als ich zuerst angenommen hatte. Im Schutz meiner eigenen vier Wände, mit etwas Distanz zu den Geschehnissen musste ich mir eingestehen: Die Arktis hat mir meine Grenzen aufgezeigt. Sie hat mir meine Bedeutungslosigkeit vor Augen geführt. Das galt es anzunehmen und zu akzeptieren. Ich würde diese dritte Etappe nicht wiederholen, schon aus rein finanziellen Gründen nicht. Trotzdem wollte ich noch immer zum Nordpol, und zwar im Alleingang. So hatte ich es mir in den Kopf gesetzt, so wollte ich es durchziehen. Aber Spitzbergen gab mir einen Vorgeschmack darauf, was es heißt, allein in der Arktis in Schwierigkeiten zu geraten. Würde ich auf meiner vierten Etappe ähnliche Probleme bekommen, würde es unweigerlich zu einem Überlebenskampf kommen, den ich nur mit sehr viel Glück gewinnen könnte.

Auf meiner vierten und letzten Etappe über das Nordpolarmeer werden zusätzliche Schwierigkeiten auf mich warten. Wasserspalten im gefrorenen Meer zum Beispiel, die nur schwimmend überwunden werden können. Zwar gibt es dafür eigens konzipierte Trockenanzüge. Trotzdem genügt ein kleiner Fehler, und die Sache kann gewaltig schiefgehen. So wie bei den beiden Dänen, die vor zwei Jahren auf dem Weg zum Nordpol waren. Die Zweimannexpedition wurde von einem Schlittenhund begleitet. Als ihre Positionsmeldungen über das Satellitentelefon ausblieben, wurde ein Suchhelikopter ausgesendet. Die Unglücksstelle war rasch gefunden. Anscheinend hatten die Männer versucht, in ihren Trockenanzügen eine Wasserspalte zu durchschwimmen, und waren dabei ertrunken. Der Rettungstrupp fand nur den Hund, der überlebt hatte, und den Schlitten von einem der beiden Männer.

Meinen Trockenanzug habe ich in Norwegen speziell für meine Bedürfnisse anfertigen lassen. Ich übte das Schwimmen in winterkalten Schweizer Seen, was mir die Angst ein bisschen nahm. Aber die Vorstellung, bei dreißig Grad unter null und noch kälteren Lufttemperaturen allein in das eiskalte Wasser des Arktischen Ozeans steigen zu müssen, beunruhigte mich bis in die Nächte, in denen ich besser schlafen als denken sollte.

Die zentrale Frage aber war: Bin ich bereit, für mein Ziel Nordpol zu sterben? Bin ich bereit, mein Leben zu riskieren, weil ich es mir so und nicht anders in den Kopf gesetzt habe? Ich weiß, dass ich bis ans äußerste Limit gehen kann. Und ich weiß, dass ich eine gnadenlose Leidensfähigkeit habe, wenn die Umstände es verlangen. Diese Bereitschaft bedeutet aber nicht, dass ich mit dem Leben spiele. Sie bedeutet lediglich, dass ich die Fähigkeit besitze, mein ganzes Leben auf ein Ziel einzustimmen. Ohne Wenn und Aber.

Bis zu diesem Zeitpunkt hatte ich mich nur einem einzigen Menschen verpflichtet gefühlt, weil ich in meinem Leben nur einem einzigen Menschen ein Versprechen abgegeben habe: meiner Mum. Es war das Versprechen, keinen einzigen Tag vor ihr das irdische Leben zu verlassen. Nicht aus Dummheit und auch nicht aus Ehrgeiz. Ich habe mein Versprechen gehalten: Meine

Seit ich am 23. Mai 2001 den Gipfel des Mount Everest bestiegen und am 28. Dezember 2007 den südlichsten Punkt der Erde erreicht hatte, träumte ich davon, auch den dritten Pol, den Nordpol, zu begehen.

Ich war insgesamt dreimal am Everest – 2001, 2005 und 2013. Durch die Konfrontation mit seiner mächtigen Existenz, seiner Höhe, seiner immensen Dimension, den Winden, der Kälte habe ich viel über mich selbst gelernt.

Vielleicht war ich nach meiner Expedition zum Südpol in einem Stadium, in das auch Mönche mit der Zeit gelangen. Denn wieder daheim, fühlte ich mich wie gehäutet, durchgeputzt, sowohl im Geist wie auch im Körper.

Mein Ausgangspunkt heißt Geissholz, mein erstes Etappenziel Nordkap. Dazwischen liegen rund 5000 Kilometer, in denen ich in die Pedale treten werde. Das ist alles. Keine Termine. Keine Verpflichtungen.

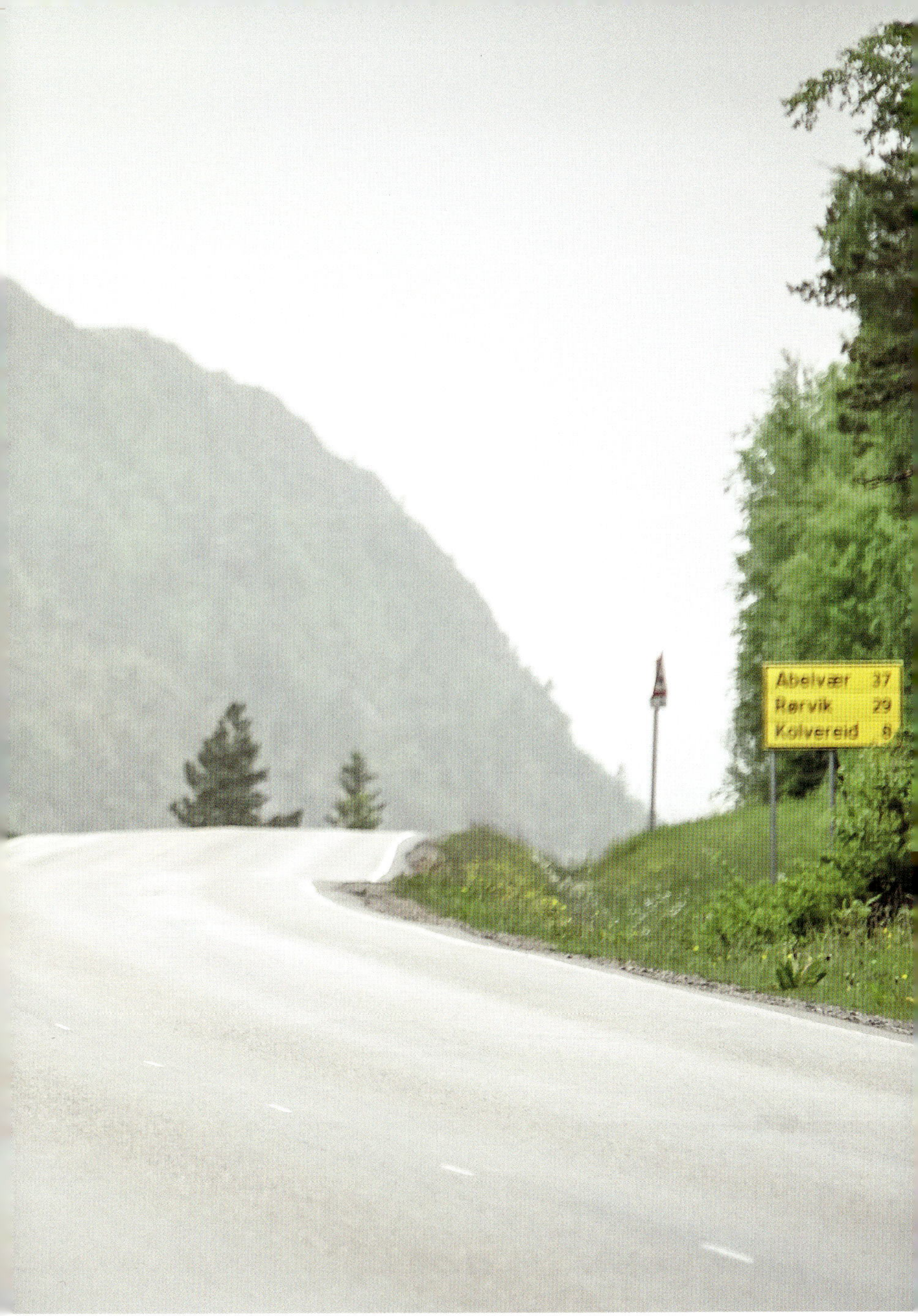
Åbelvær 37
Rørvik 29
Kolvereid 8

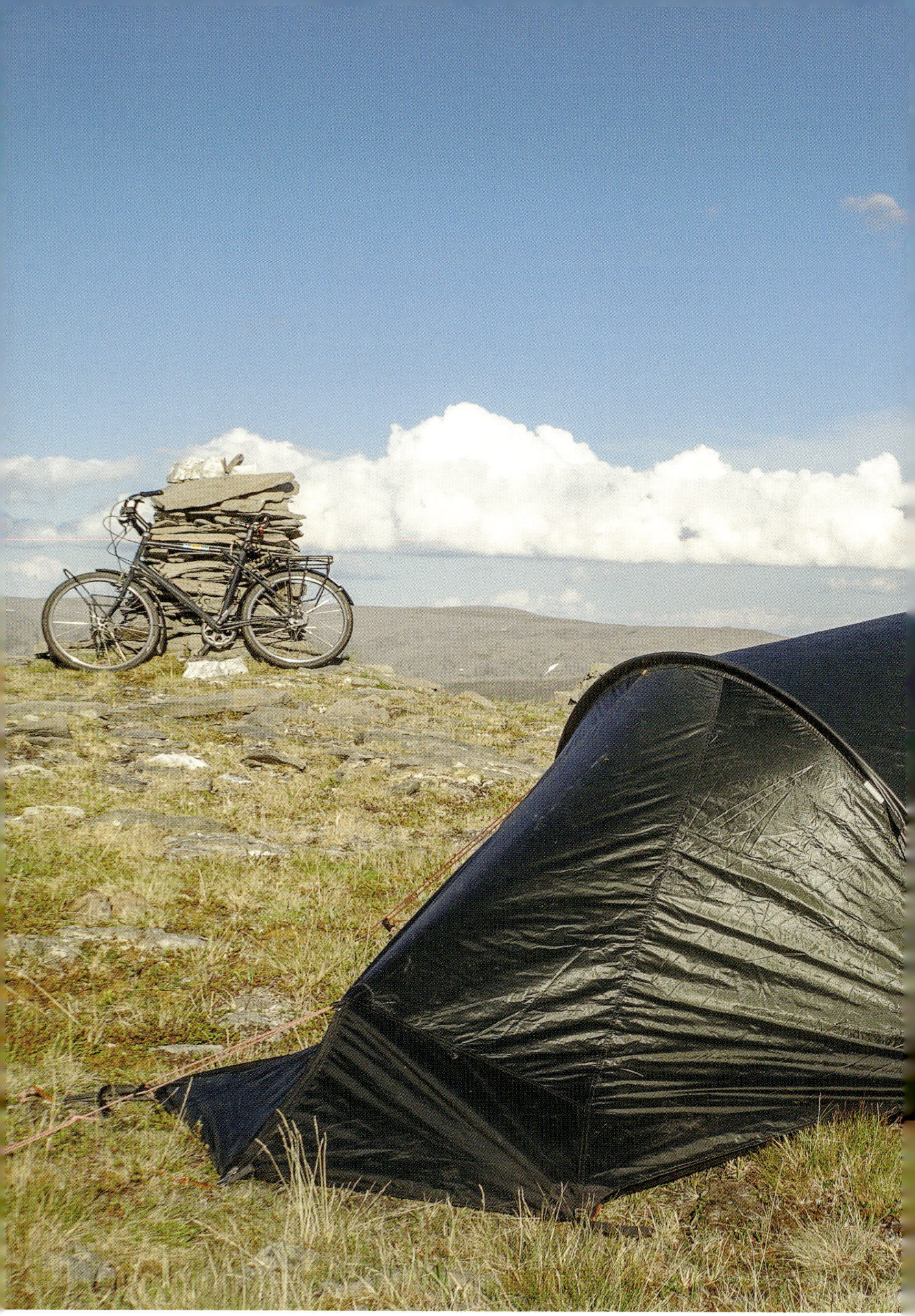

Habe ich mich einmal zu hundert Prozent auf ein Ziel eingestimmt, bin ich enorm gut darin, meinen Fokus ganz auf diese eine und einzige Sache zu richten und mich dieser einen und einzigen Aufgabe vollkommen hinzugeben.

Nordkapp

Meine Beine sind müde und schmerzen, habe ich doch in den letzten zwei Wochen jeden Tag mindestens zehn, manchmal auch vierzehn Stunden im Sattel gesessen. Dies bei Regen, Wind und Sturm und nur wenigen, kurzen sonnigen Phasen.

Das Gemeinschaftshaus in Isortoq.

Das Leben der Inuit gründet traditionell auf der Gemeinschaft. Einzelgänger haben keine Chance, in dieser rauen und kalten Welt zu überleben. Daher kennen Inuit kein individuelles Besitztum, kein Konkurrenz- oder Wettkampfdenken.

Wenn man stundenlang, tagelang, wochenlang kilometerlange Eis- und Schneefelder überquert und dabei nichts anderes tut, als monoton einen Fuß vor den anderen zu setzen, ändert sich der Geist. Er wird ruhig.

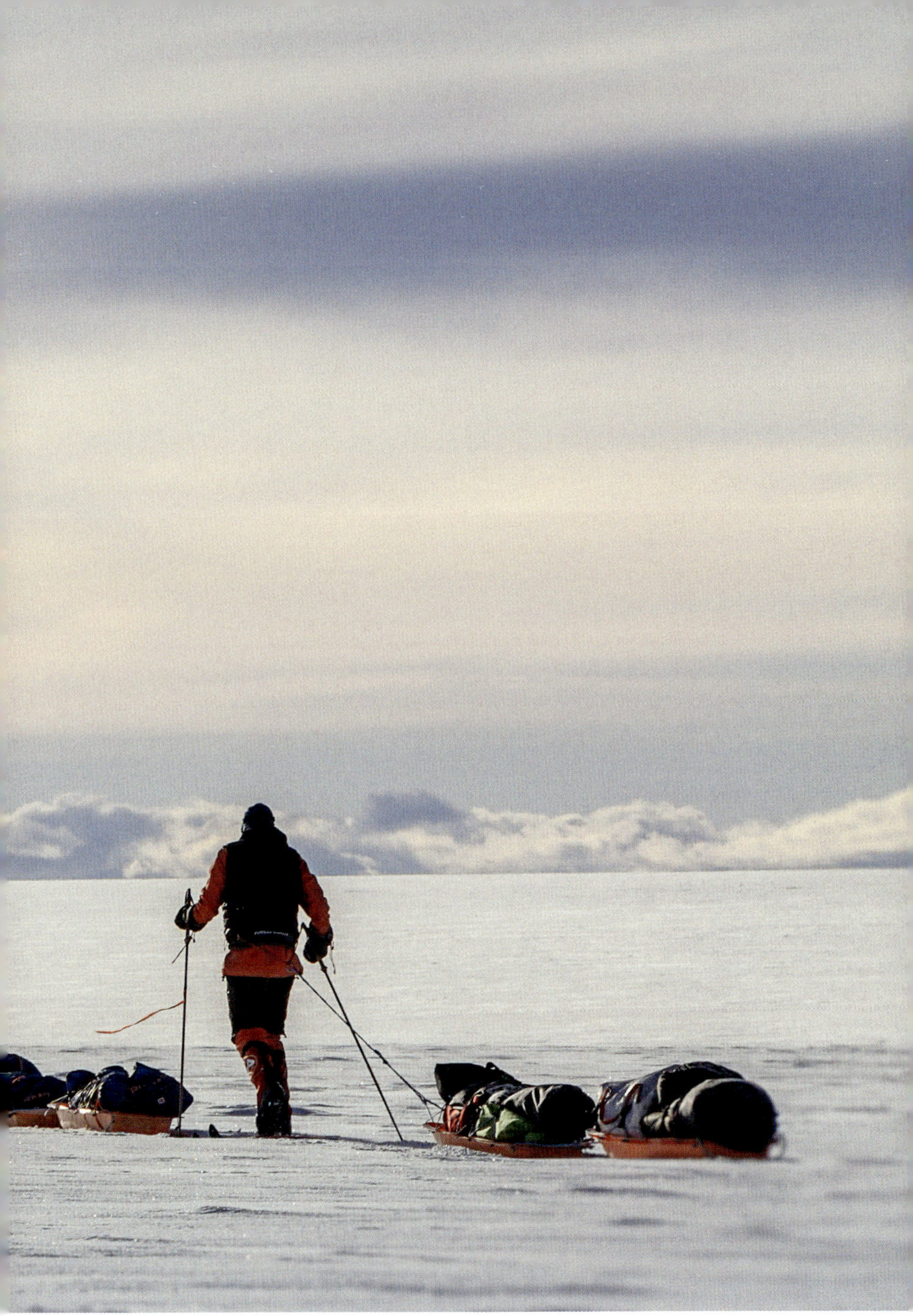

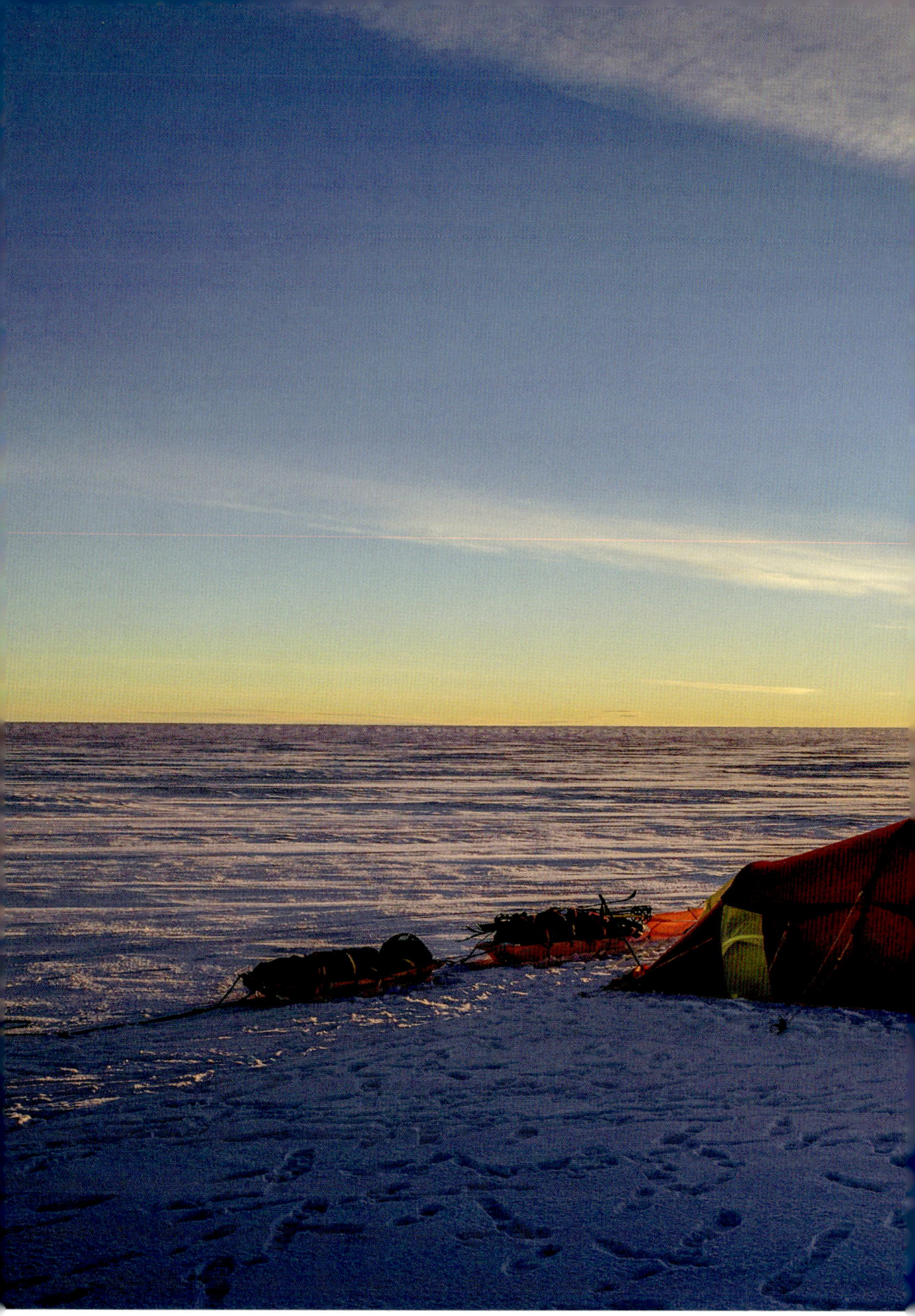

Am Abend stellen wir das Zelt auf, und im pastellenen Abendlicht erlebe ich einen Moment, den ich von meinen Reisen zum Südpol und auf den Mount Everest kenne: Das Herz singt vor Freude, weil die Seele zu Hause ist.

Mit 106 Kilo Gepäck komme ich am 1. März in Longyearbyen auf Spitzbergen – norwegisch Svalbard, was »kühle Küste« bedeutet – an. Hier werde ich einige Tage bleiben, um die letzten Vorbereitungen vor Ort zu treffen.

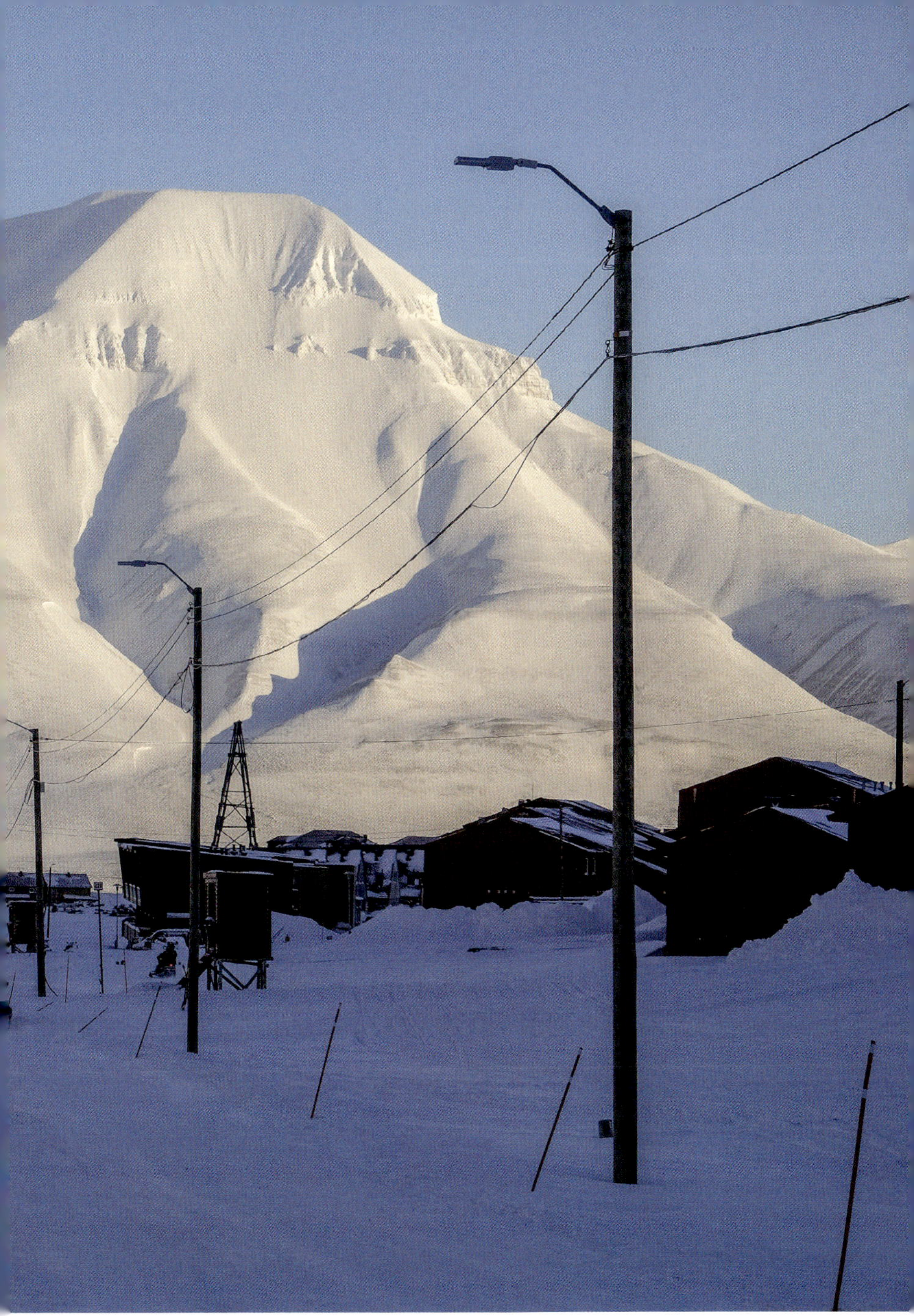

Als ich am frühen Morgen aufwache und mich aus dem Schlafsack schäle, um den Zelteingang zu öffnen, ist die Sicht gleich null. Ich wusste, dass mir der arktische Winter keine Geschenke machen würde.

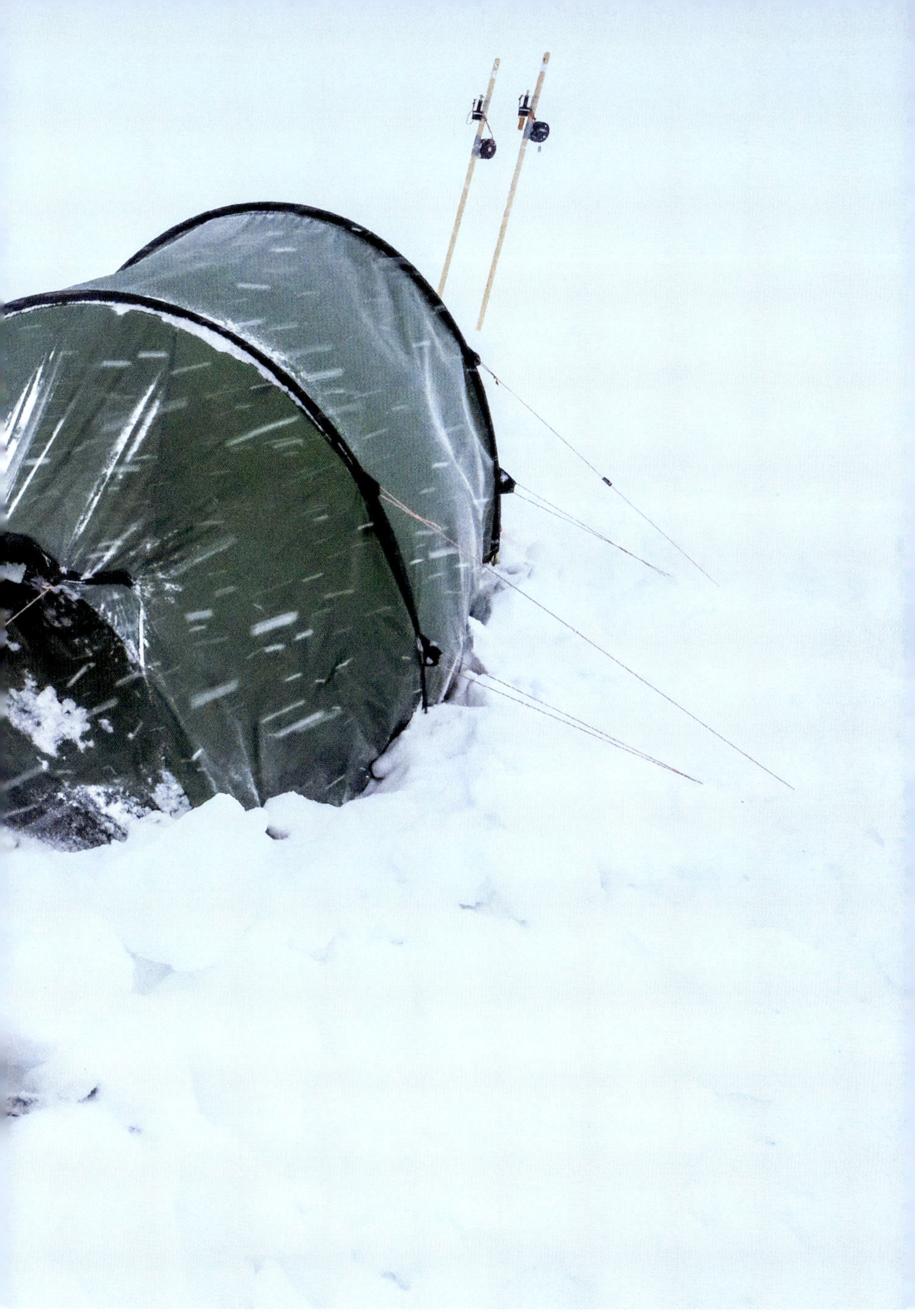

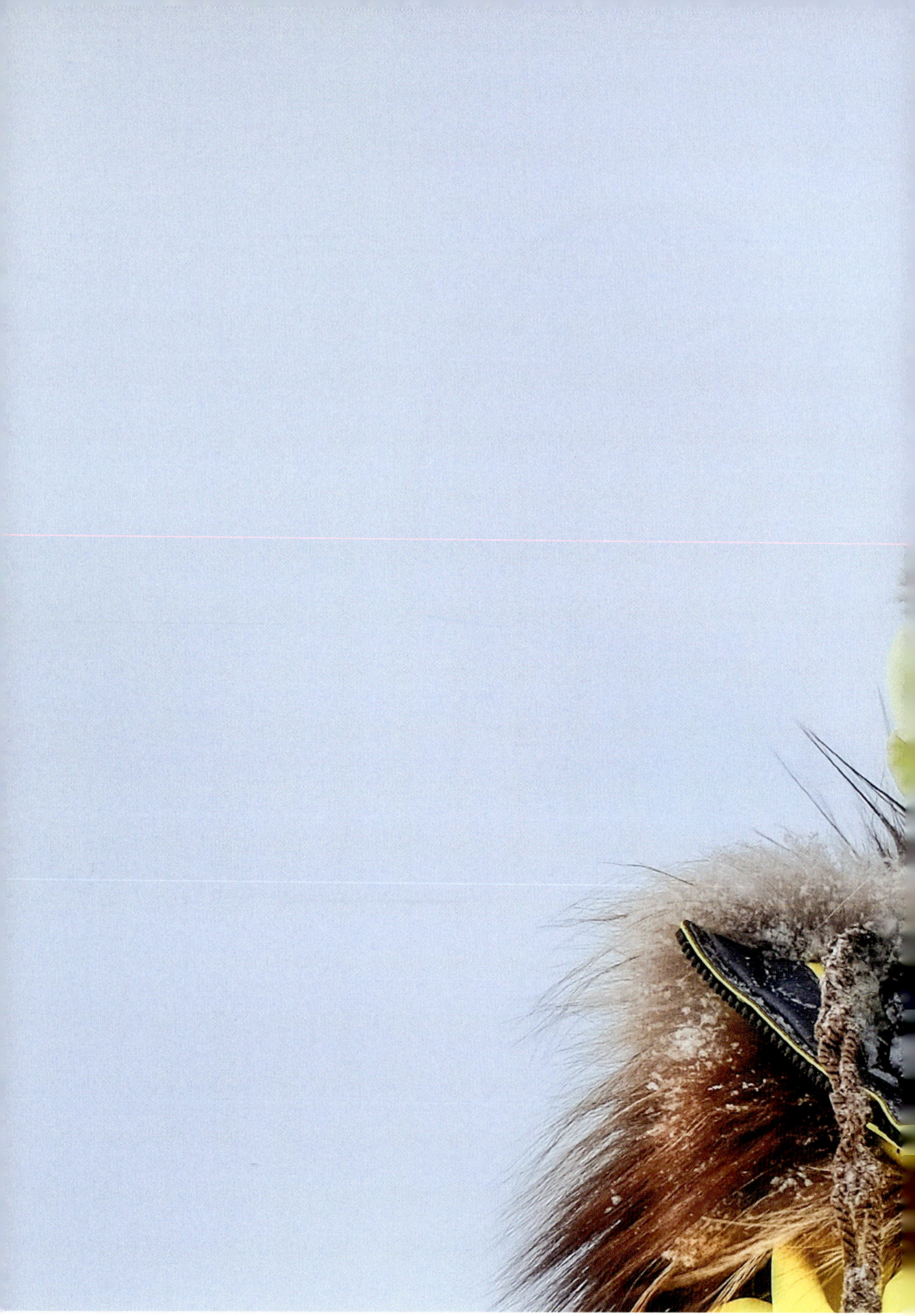

Mein Kampf gegen die Naturgewalten wird zu einem inneren Kampf.
Es geht darum, meinen Stolz fallen zu lassen und Demut zu üben.
Das Resultat ist ein Entscheid gegen meinen Willen, zugunsten der Vernunft.

Nordpoltraining in der kanadischen Arktis.

Die Vorstellung, bei dreißig Grad unter null allein in das eiskalte Wasser des Arktischen Ozeans steigen zu müssen, beunruhigte mich bis in die Nächte, in denen ich besser schlafen als denken sollte.

Das Überwinden von Ängsten und Zweifeln bedingt, mutige Schritte zu wagen, viel betretene Pfade zu verlassen und Unsicherheiten nicht zu ignorieren, sondern sie als Herausforderung anzunehmen.

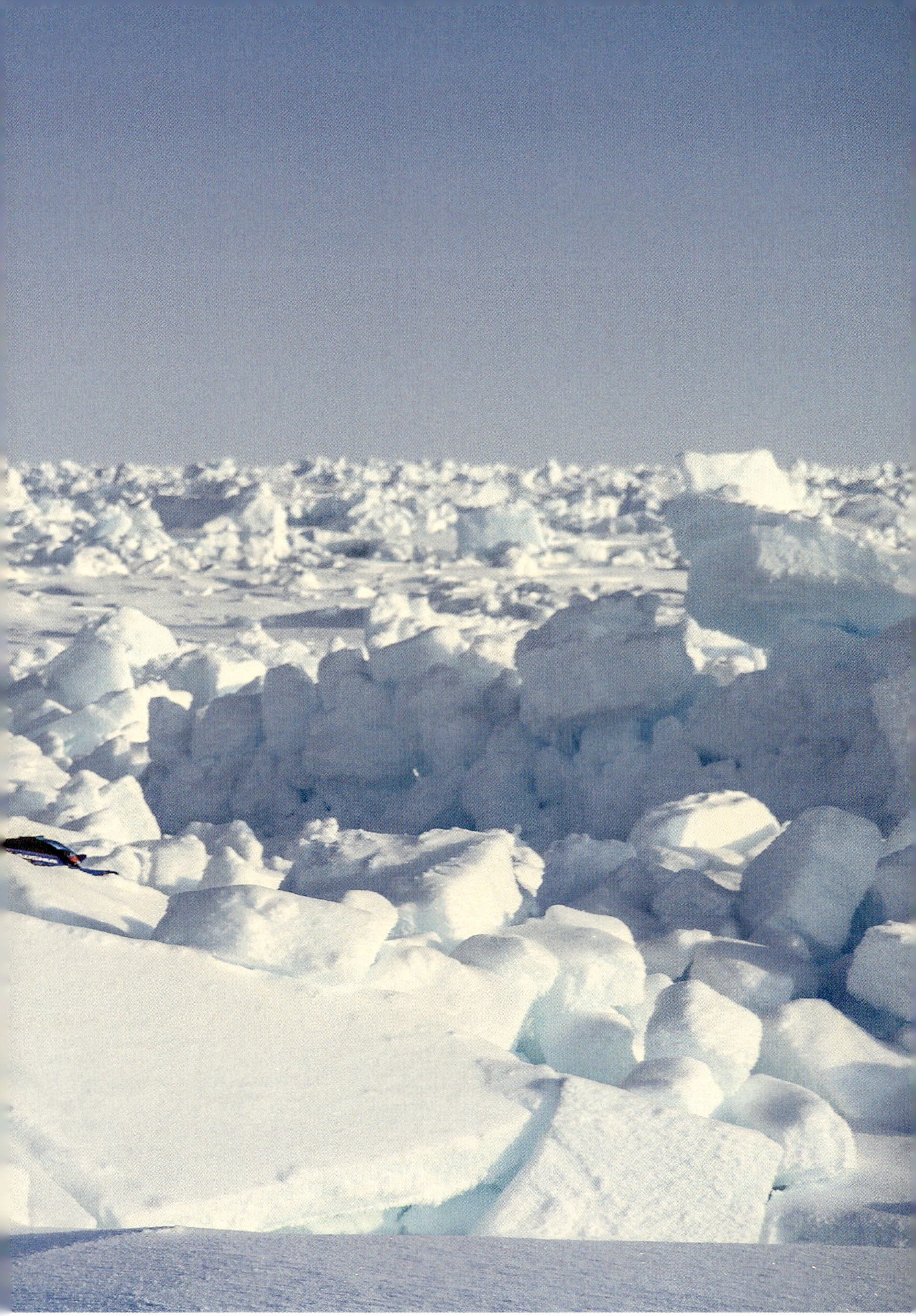

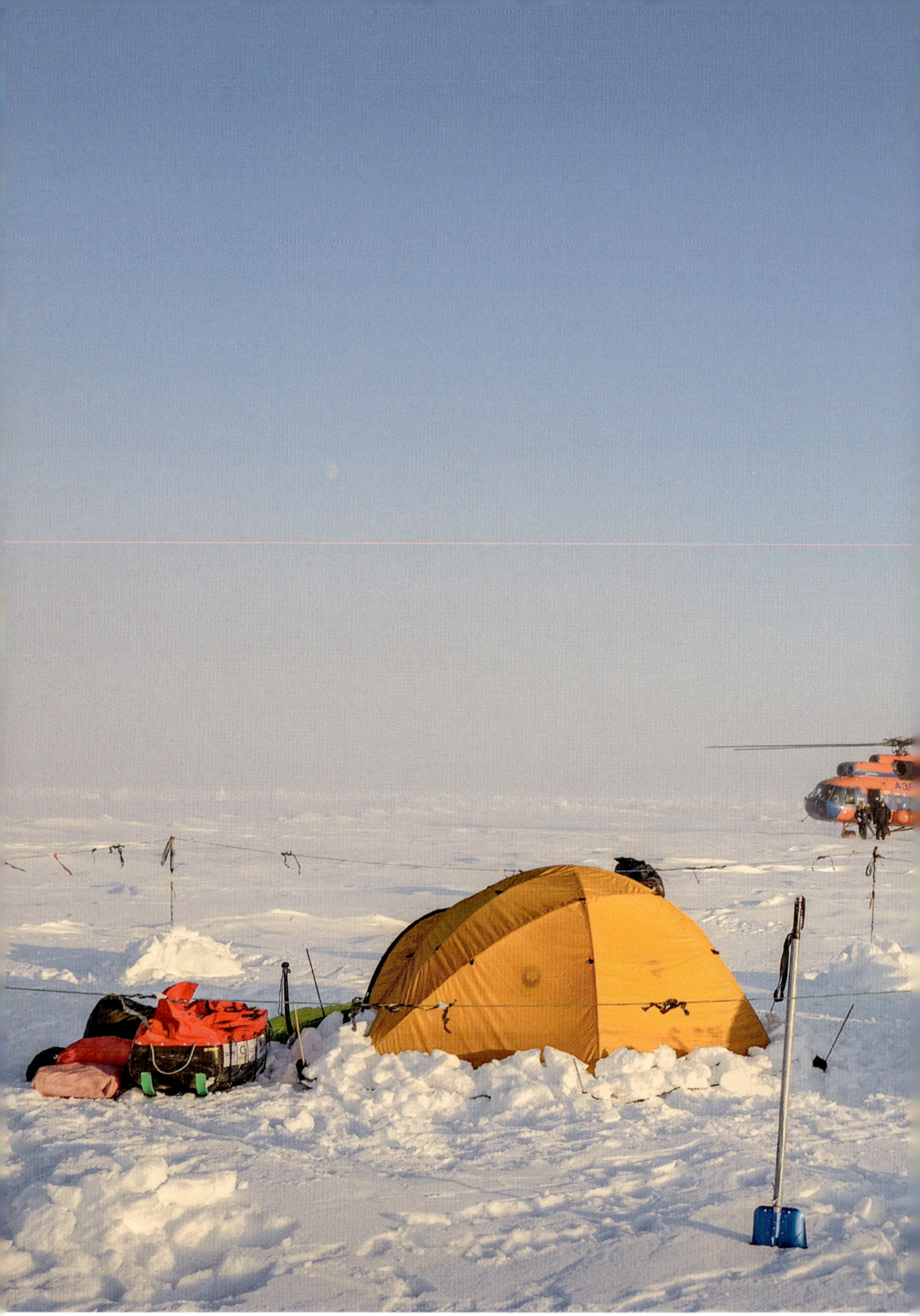

Die Mi-8, die Luc evakuieren wird, setzt etwa 300 Meter von unseren Zelten entfernt auf dem Eis auf. Wir helfen Luc, seinen Schlitten in den Hubschrauber zu hieven, und verabschieden uns mit einer kurzen Umarmung.

Die Arktis ist ein lebensbedrohlicher und zugleich wunderschöner Ort. Sie ist gefüllt mit pragmatischer Schönheit und Kargheit. Der Mensch, der in diese Landschaft eindringt, um ihr wahrhaftig zu begegnen, kann viel von ihr lernen.

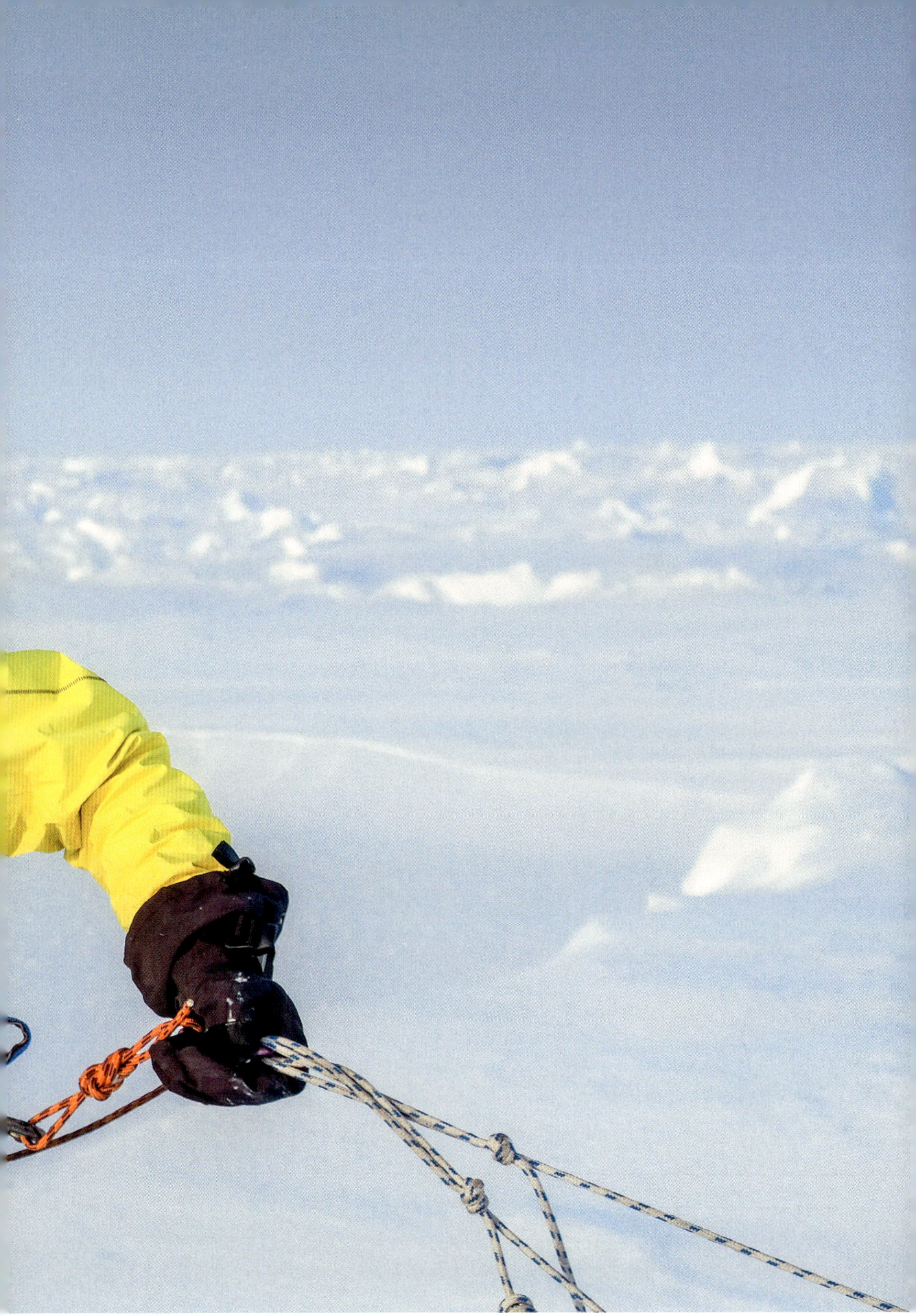

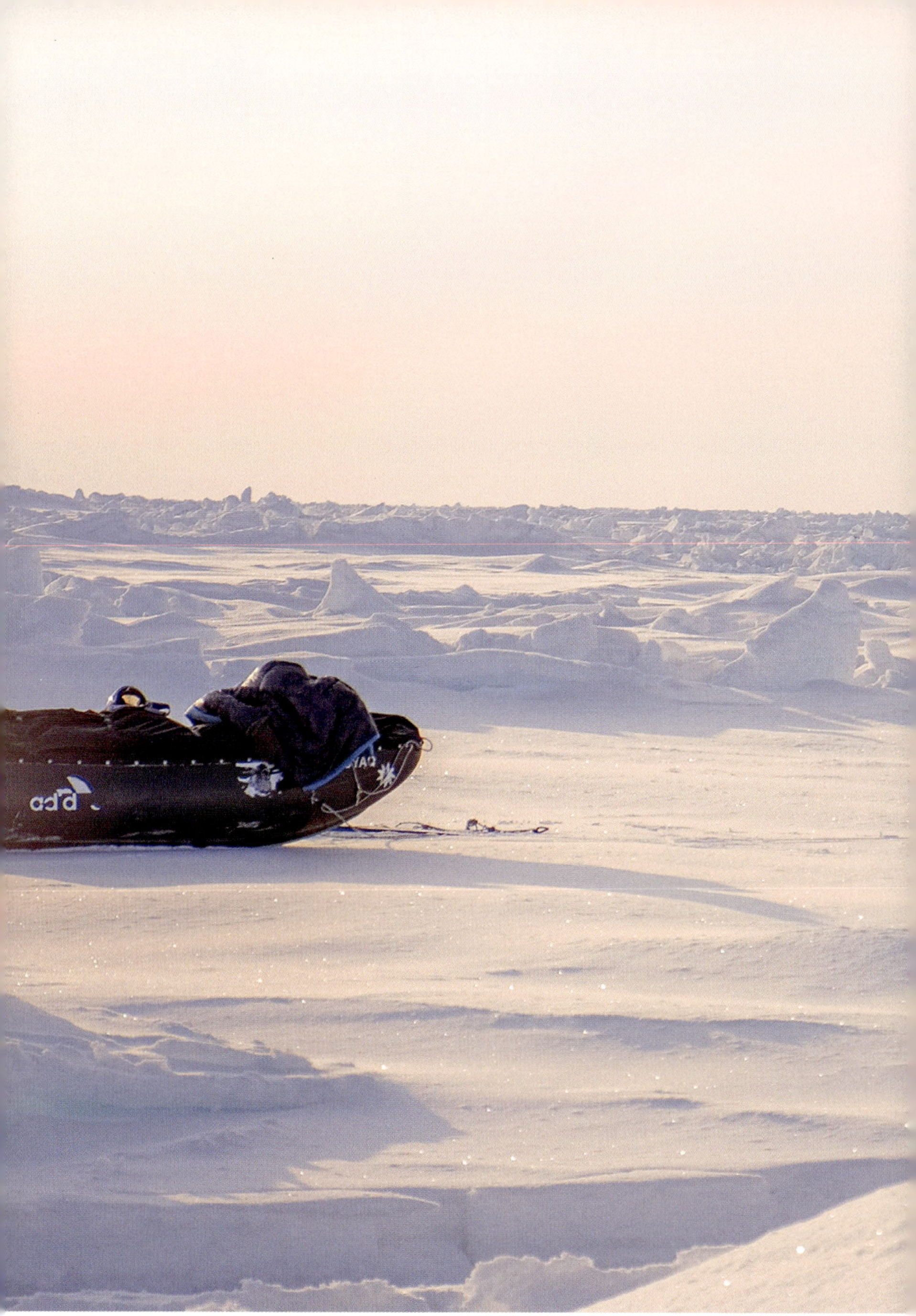

Er kam aus dem Nichts, ein schöner Bär, gesund, kräftig und wohlgenährt, mit gelblich weißem Fell. Nun steht er da, rund hundert Meter von uns entfernt. Was für ein prachtvolles Tier!

Am 12. April 2017 erreichen wir den magischen Punkt, an dem alle Längengrade zusammenlaufen. Mein lang gehegter Traum erfüllt sich. Ich bin nach dem Mount Everest und dem Südpol an meinem dritten Pol angelangt.

Mutter konnte vor mir sterben. Jetzt war ich frei von Versprechungen und Verpflichtungen. Auf meinem Weg zum Nordpol konnte ich also bis zum Äußersten gehen. Als ich all diese Gedanken meiner Schwester Jacqueline anvertraute, nahm ich in ihren Augen eine Traurigkeit wahr, die mich tief in meiner Seele berührte. Sie sagte kein Wort, aber ich konnte in ihren Augen lesen. So versprach ich auch ihr, immer zurückzukommen und keine Fehler aus Dummheit oder Ehrgeiz zu begehen. Obwohl Jacqueline und ich uns nahestehen, verdrängte ich bis zu diesem Zeitpunkt die Tatsache, dass sie sich oft um mich sorgte, wenn ich auf meinen Expeditionen war.

Die klare Antwort auf meine wichtigste Frage lautete deshalb: Nein, ich bin nicht bereit, das Erreichen des Nordpols mit meinem Leben zu bezahlen. Die Konsequenz dieser Erkenntnis: Ich würde auf den Alleingang verzichten und eine zuverlässige Expeditionspartnerin oder einen zuverlässigen Expeditionspartner finden müssen, denn vier Hände bedeuteten doppelte Sicherheit. Sollte ich jemanden finden, das war mir klar, würde viel Arbeit auf mich zukommen. Ich müsste zusätzliche Nahrungsmittel beschaffen, einen zweiten Schlitten, passende Skier mit den richtigen Schuhen, Spezialbekleidung, ein größeres Zelt und – nicht zu vergessen – meine Begleitung in Sachen Bärenschutz ausbilden. Aber das war mir egal. Sofort wandelte sich mein Frust in Tatendrang um. Auch wenn ich mir nicht allzu viel Hoffnung machte, rief ich einige Bekannte an, die infrage kamen, sich mir anzuschließen. Leider erfolglos. Das Vorhaben war schlicht zu groß, die Vorbereitungszeit zu knapp. So ging es nicht, das leuchtete mir ein. Mir blieb nur noch eine einzige Möglichkeit: Ich rief Victor Boyarsky an.

Victor ist Russe, Wissenschaftler und wohl der größte Arktiskenner überhaupt. Nebst einer Grönland-Traversierung durchquerte er in den Siebziger- und Achtzigerjahren die Arktis von Sibirien nach Kanada. Er führte eine Hundeschlittenexpedition durch die Antarktis durch und sammelte gleichzeitig als Radioglaziologe Daten für die Wissenschaft. Seit vielen Jahren ist er außerdem verantwortlich für die Flüge von Spitzbergen nach Barneo, einem Camp, das jedes Jahr mitten im Arktischen Ozean für ein paar Wochen zu wissenschaftlichen Zwecken aufgebaut wird und heute auch Ausgangspunkt für touristische Nordpolexpeditionen ist. Zögerlich berichtete ich ihm von meinen Erlebnissen auf Spitzbergen und davon, dass mein Selbstvertrauen ziemlich unter meinem Rückzug und der Tatsache, dass ich die dritte Etappe nicht habe vollenden können, gelitten habe.

»Kennst du vielleicht jemanden, der mich auf der letzten Etappe begleiten könnte?«, fragte ich ihn am Telefon.

Vielleicht war es Victors Erfahrung, vielleicht auch sein Erstaunen über sich selbst, weil er alle seine Expeditionen überlebte, die oft einer Gratwanderung zwischen Leben und Tod gleichkamen, jedenfalls antwortete er: »Evelyne, ich weiß genau, welche Gedanken dir jetzt bezüglich des Nordpols durch den Kopf gehen und mit welchen Zweifeln du zu kämpfen hast. Aber du hast auf Spitzbergen die richtige Entscheidung getroffen. Der Rückzug aus diesen schlechten Bedingungen war sehr klug. Sei stolz darauf!« Dann versuchte er, mich davon abzubringen die Expedition allein durchzuziehen. »Fakt ist, dass ein erfolgreicher Gang zum Nordpol nicht voraussagbar ist«, sagte er. »Man weiß nie, mit welchen Verhältnissen man zu kämpfen hat. Ist das Eis auf der gewählten Route durchgehend? Ohne Wasserspalten? Stabil genug? Sind das Wetter und die Temperaturen akzeptabel, könnte dir dein Vorhaben gelingen. Du weißt aber so gut wie ich, dass du nicht von den besten Verhältnissen ausgehen darfst. Und selbst wenn, kann dir ein kleiner Fehler mit fatalen Folgen unterlaufen, und du gehst mir, deinen Lieben und der Welt verloren. Das wäre sehr schade. Ich wüsste auch nicht, wer dich begleiten könnte. Ich rate dir deshalb, dich einer organisierten Expedition anzuschließen.« Obwohl es nicht das war, was ich mir von diesem Telefonat erhofft hatte, hörte ich weiter zu. »Nimm mit Dixie Kontakt auf«, fuhr Victor fort, »er stellt gerade ein Team für eine Expedition zusammen. Ich selber kenne ihn nicht sehr gut, aber ich glaube, er ist okay. Ich weiß, du bist kein Gruppenmensch. Aber für diese Sache rate ich dir als Freund: Spring über deinen Schatten!«

Natürlich wusste ich, dass Victor recht hatte. Aber ich war innerlich noch nicht bereit, seinen Ratschlag anzunehmen, weshalb ich ihn um einige Tage Bedenkzeit bat. Nach mehreren schlaflosen Nächten traf ich meine Entscheidung: Ich würde Victors Rat annehmen und mich Dixie und seinem Team anschließen. Schon bald würde es losgehen.

Vom Scheitern

Meine Entscheidung war alles andere als sexy, das war mir durchaus bewusst. Schon den Abbruch meiner dritten Etappe auf meiner Internetseite zu kommunizieren, war mir unendlich schwergefallen. Jetzt auch noch öffentlich zu machen, dass ich mich dazu entschlossen hatte, mich für die vierte Etappe einem Team anzuschließen, schaffte ich zu diesem Zeitpunkt noch nicht. Ich fühlte mich wie der Clown am Straßenfest! Ich selbst hatte in den Medien verkündet, ich würde im Alleingang zum Nordpol gehen. Dafür ließ ich mich von Leuten beklatschen, die in mir die kämpfende Löwin sahen. Doch statt einer Löwin würde ich nun zu einem schnurrenden Kätzlein werden. Bravo, Evelyne! Aber ich musste es mir nach meinen Erlebnissen in Spitzbergen eingestehen: Die Gefahren der vierten Etappe waren für einen Alleingang einfach zu groß: Der zugefrorene Arktische Ozean mit seinen Strömungen, den sogenannten Drifts, die Wasserspalten, Wind und Wetter – all das war in einem Team besser zu bewältigen als allein. Das war eine Tatsache, die ich akzeptieren musste.

War ich zu naiv an die Sache herangegangen? Die gefährlichen Verhältnisse waren mir während der ganzen Planungs- und Vorbereitungsphase mehr als bewusst gewesen. Aber ja, oft blendete ich die bohrenden Fragen wohl einfach aus. Ich wollte mir keine Sorgen auf Vorrat machen, sondern mich erst mit den ernsten Themen beschäftigen, wenn sie tatsächlich auftauchten. Doch spätestens jetzt, als die vierte Etappe unmittelbar bevorstand, war der Zeitpunkt gekommen, mich all diesen offenen Fragen ohne Wenn und Aber zu stellen und zu meinem gefällten Entscheid zu stehen.

Nach und nach fing ich an, zuerst meine Schwester und dann meine Freunde zu informieren. Sie tragen meine Expeditionen mit, indem sie mich mental unterstützen, für mich da sind, häufig auf mich verzichten und sich um mich sorgen. Sie alle waren sich einig, dass es besser und vernünftiger sei, mich einer Gruppe anzuschließen. Nur ich selber haderte nach wie vor. Ich bildete mir ein, ich sei gescheitert, obwohl ich tief in meinem Innern wusste: Es war weniger ein Scheitern als vielmehr ein Zurechtstutzen. Aber was soll ich sagen? Ich wollte immer schon den rohen Stein. Der glatt polierte Diamant hat mich noch nie interessiert.

In jener Zeit explodierten meine Gedanken zum Thema Scheitern schier. Ich sog alles auf, was ich darüber lesen und finden konnte. Unter anderem Worte aus dem Buch »Statt etwas oder Der letzte Rank« des deutschen Schriftstellers Martin Walser.

Zwei Sätze berührten mich besonders: »Dazu muss ich so weit weg von mir, dass ich mich ER nennen darf.« Und: »Plötzlich erlebte ich, dass ich es ohne Grund wert war, mir nicht verloren zu gehen.«

Ich fand auch einen Artikel des deutschen Soziologen Sighard Neckel, der am 31. Mai 2015 in der »Neuen Zürcher Zeitung« publiziert wurde. Unter dem Titel »Scheitern am Scheitern« philosophierte er über die Erfolglosigkeit in der Erfolgsgesellschaft und meinte in der Einleitung: »In unserer Gesellschaft scheint Erfolg zur Pflicht geworden zu sein. Und wer scheitert, soll sein Scheitern möglichst erfolgreich bewältigen, um den nächsten Anlauf zu nehmen.« Im Artikel selbst haben mich die folgenden vier Passagen gefesselt: »Nur wo gehandelt wurde, kann man auch scheitern, an eigenen Zielen oder Ansprüchen, an widrigen Umständen, am Widerstand anderer Akteure und schließlich auch an sich selbst.« – »In der modernen Gesellschaft hat Erfolg eine allgemeine Kulturbedeutung angenommen, als eine Art Pflicht, will man mit gesellschaftlicher Anerkennung rechnen. Kaum je ist es so alltäglich geworden, sich beruflich oder privat gegenseitig Erfolgsbilanzen zu präsentieren, um die Wertigkeit des eigenen Selbst zu betonen und den persönlichen Vorrang zu unterstreichen.« – »Nicht verwunderlich ist, dass in einer solchen Kultur des Erfolgs das Scheitern zum Stigma wird und zu einer seelischen Last.« – »Dadurch verbindet sich Scheitern mit dem Gefühl individuellen Versagens und der Scham darüber, nicht gut genug gewesen zu sein, sich überschätzt zu haben, persönliche Defizite aufzuweisen.«

Ich erkannte: Es geht beim Scheitern nicht zwingend um die eigene Bewertung, sondern vielmehr um die Bewertung durch andere. Selbst wenn ich aus guten Gründen weiß, nicht gescheitert zu sein, so wird mir das Scheitern doch von außen aufgedrückt wie ein Stempel. Mir wurde bewusst, wie unvorsichtig wir mit dem Wort Scheitern umgehen. Gescheitert ist für uns im normalen Sprachgebrauch jemand, wenn etwas passiert ist, das nicht mehr rückgängig gemacht werden kann – eine Ehe zum Beispiel, aus der eine Kampfscheidung wird, ein Bergsteiger, der bei einem Kletterunfall beide Beine verliert, ein angesehener CEO, dessen Stresslevel und Druck im Beruf eine Dimension annimmt, die ihm nur eine Möglichkeit lässt, nämlich die, sich das Leben zu nehmen.

✦

Ich bin mehrere Male an den Bergen gescheitert, zumindest fühlte es sich jeweils so an, zum Beispiel 1996 am Mount Fitz Roy, einem 3406 Meter hohen Berg im argentinischen Patagonien. Der Fitz Roy hat durchgehend sehr schwierige Kletterpassagen. Er ist ein riesiger Granitturm, ein Phallus. Das Klettern dort ist sehr männlich. Es hat nichts mit Ästhetik zu tun, sondern ausschließlich mit maximaler Rohkraft. Ich wollte diesen Berg – den ich gern als Macho bezeichne – während meiner Hochleistungskletterkarriere unbedingt klettern. Als ich es zum ersten Mal versuchte, war es kalt, und das Eis saß tief in den Ritzen fest. Deshalb kletterte ich mit speziellen Expeditionskletterschuhen, die aber das Erfühlen des Felsens, so wie ich es gewohnt war, nicht zuließen. Zudem machte der schwere Rucksack auf meinem Rücken das Klettern im siebten Schwierigkeitsgrad im mit Eis durchsetzten, senkrechten Granit zum reinen Kraftakt. Ich wollte mich hochkatapultieren zum nächsten Griff, aber das Gewicht des Rucksacks zog mich in die Tiefe, und die Füße drohten auf dem rutschigen Felsen abzugleiten. Zu allem Elend zog auch noch der berüchtigte und gefürchtete patagonische Sturm auf, was die

Kletterei – lediglich zwei Seillängen unterhalb des Gipfels – zum Überlebenskampf machte.

Stephan, meinem damaligen Partner, und mir, blieb nichts anderes übrig, als so schnell wie möglich von diesem Berg runterzukommen. Also seilten wir uns über die 1200 Meter hohe Wand, die wir soeben hochgeklettert waren, wieder ab. Der Sturm war inzwischen so heftig, dass das Seil, das wir zum Abseilen auswarfen, quer durch die Luft flog und sich in Felsritzen und Verschneidungen verhedderte. Irgendwie schafften wir es trotzdem von diesem Berg runter. Aber ohne den Gipfel erreicht zu haben, hatten wir das Gefühl, gescheitert zu sein. Und dies, obwohl wir alles versucht, alles gegeben und im richtigen Moment den Rückzug angetreten hatten. Es ging einfach nicht!

Ein Jahr später, ich war damals dreißig Jahre alt, stand ich wieder am Fitz Roy, dieses Mal mit zwei Kollegen. Sechs Wochen hatten wir im Hochlager in Schneehöhlen verbracht und den Aufstieg zwei-, dreimal versucht. Doch das Wetter war stets zu schlecht, um den Gipfel zu erreichen. So entschieden wir uns zum Abbruch. Wir packten alles zusammen und stiegen ins Basislager zurück, das eingebettet in einem kleinen Wald mit lauter verkrüppelten, knorrigen Buchenbäumchen lag – von den vielen Stürmen standen sie schon ganz schief. Am nächsten Morgen zeigte meine Outdoor-Uhr an, dass der Druck wesentlich höher war als an all den Tagen, die wir bisher hier verbracht hatten. Ein kräftiges Wetterhoch zeichnete sich ab. Ich freute mich, spürte aber gleichzeitig, dass dieser Berg mich nicht willkommen hieß. Da war es wieder, dieses diffuse Gefühl in meiner Magengegend. Aber abbrechen konnte ich nicht, meine Kameraden brauchten meine Hilfe, zumindest bis wir das ganze Material wieder zu den Schneehöhlen und weiter zum Einstieg der Franco-Argentina-Route hochgetragen hatten.

Als wir uns erneut aufmachten, wählten wir einen etwas anderen Weg vom Basislager aus und gingen anstatt rechts links um den See herum, sodass wir auf einen brüchigen Felsriegel mit aufgetürmten Granitblöcken kamen. Das Gelände schien nicht wirklich schwierig, weshalb wir uns entschieden, die Wand seilfrei zu klettern. Die senkrechte Kletterpassage war nur etwa dreißig Meter hoch, doch wir hatten den brüchigen Felsen unterschätzt. So hing ich wenig später mit gespreizten Armen und Beinen in der Granitverschneidung, auf meinem Rücken der schwere Rucksack mit den angeschnallten Skiern, und ich wusste: Löst sich jetzt einer dieser brüchigen Griffe oder Tritte, stürze ich ab. Ich brauchte alle mir noch verbleibende Kraft, bis ich die Passage endlich hinter mich gebracht hatte. Ich war erschöpft von den wetterbedingt erfolglosen Versuchen am Berg und den vielen Übernachtungen in den Schneehöhlen, die wir etwas unterhalb der Wand gegraben hatten, weil ein Zelt in den patagonischen Bergen von den Stürmen einfach weggefegt wird. Aber ich ging weiter, und als wir nach vier langen Stunden endlich den Einstieg zur eigentlichen Wand erreichten, wusste ich es definitiv: Meine Kraft reichte schlicht nicht mehr, diesen Berg zu besteigen.

Ich sagte meinen Begleitern, dass ich nicht mitkommen, sondern umkehren würde. Sie verstanden meine Entscheidung ganz und gar nicht und versuchten alles, mich zum Mitkommen zu überreden. Aber sie hatten keine Chance, denn ich wusste: Wenn ich jetzt mitgehe, komme ich nicht lebend zurück. Ich überließ ihnen die Seile und Sicherungsgeräte, die ich hochgetragen hatte, und kehrte zurück ins Basislager. Von dort aus ging ich direkt ins Tal zurück, wo ich einen befreundeten Gaucho darum bat, sein Pferd ausreiten zu dürfen. Ich sattelte den Hengst und ritt weinend hinaus in die Pampa. Ich musste allein sein.

Ich war extra nach Patagonien gereist, schon zum zweiten Mal, und hatte mich intensiv auf diesen Berg vorbereitet; ich musste zwei Versuche, auf den Fitz Roy zu klettern, wegen des schlechten Wetters abbrechen; ich verbrachte sechs Wochen zwischen Basislager und kleineren Gipfeln in der näheren Umgebung; ich schlief nächtelang in Schneehöhlen und betrieb einen riesigen Aufwand, um dann, als endlich alles gepasst hätte, einzusehen: Es geht nicht. Nicht für mich.

Dieses »Scheitern« nahm ich lange Zeit persönlich. Während meine Kollegen innerhalb einer Rekordzeit den Gipfel erreichten, ein einmaliges Erlebnis teilten und ihnen das Glück förmlich aus den Poren tropfte, weinte ich vier Tage und Nächte lang durch und steckte in einer riesigen Sinnkrise. Selbst wenn ich die richtige Entscheidung getroffen hatte, war mir klar, dass ich vielleicht zu wenig gekämpft hatte. Rückblickend lehrte mich diese Erfahrung, dass man den Rückzug erst antreten sollte, wenn man vorher alles, wirklich alles in seiner Macht Stehende gegeben und versucht hat. Sonst wird das Scheitern zum persönlichen Problem – egal, ob am Berg, in einer Beziehung oder im Beruf.

Ich scheiterte auch 2005, als ich nach meinem Gipfelerfolg von 2001 zum zweiten Mal am Mount Everest war. Damals wurde ich eingeladen, den Gipfel zusammen in einem Team von vier Leuten von der Südseite her zu besteigen. Weil aber meine Teamkameraden aus unterschiedlichen Gründen dann doch nicht dazu in der Lage waren, blieb nur ich übrig. Ich war gesund, mir ging es gut, und so entschloss ich mich, die Expedition nicht abzubrechen, sondern im Basislager auszuharren, auf ein gutes Wetterfenster zu warten und den Gipfel allein zu besteigen. Es war Ende Mai, und die Everest-Saison neigte sich dem Ende zu, weshalb die anderen in meinem Team mir vorwarfen, mit meinem Vorhaben die Sherpas zu gefährden. Vorwürfe, die aus meiner Sicht absolut haltlos waren. Das zeigte mir auch die Tatsache, dass Appa Sherpa – er war mit vierzehn Gipfelbesteigungen damaliger Rekordhalter am Everest – zu jenem Zeitpunkt seine fünfzehnte Gipfelbesteigung plante. Die Vorwürfe der Männer in meinem Team schienen mehr mit Missgunst zu tun zu haben – sie schafften es nicht auf den Gipfel, also sollte es mir auch nicht gelingen.

Die Lügengeschichten, die sie in Form eines Blogeintrags auf ihrer Website über mich veröffentlichten, machten mich sehr wütend. Ich schaffte es nicht, darüberzustehen. Im Gegenteil, all dies zog mir so viel Energie ab, dass ich mein Vorhaben schließlich aufgeben musste. Appa Sherpa übrigens stieg zum fünfzehnten Mal auf den Everest-Gipfel.

Mit diesem Scheitern hatte ich lange Zeit große Mühe, denn weder das Wetter noch eine Krankheit, noch ein Unfall waren der Grund dafür, sondern mein Unvermögen, mit der Intrige richtig umzugehen und meinen Fokus auf das Wesentliche auszurichten.

Meine negativen Gefühle dem Scheitern gegenüber konnte ich erst überwinden, als ich 2007 auf dem Weg zum Südpol nach 478 Tagen einen körperlichen Zusammenbruch erlitt und mitten auf diesem antarktischen Eisschild, tausende Kilometer abseits der Zivilisation, gegen den Erschöpfungstod und für mein Leben kämpfen musste. Mit Erfolg: Sechs Tage später, nach insgesamt 484 Tagen unterwegs, erreichte ich das ersehnte Ziel, den Südpol.

✦

2013 reiste ich zum dritten Mal an den höchsten Berg der Welt zurück, der die willensstärksten Menschen der Welt anzieht. Ich wollte für eine Dokumentation mit dem Titel »ÜberLebensWille« den Aufstieg nochmals mit der Filmkamera wagen, um Antworten auf die Fragen zu finden: Was ist Willenskraft? Wie entsteht sie? Kann man sie erlernen?

Bei den Dreharbeiten, während der Akklimatisationsphase, konnte ich mich im letzten Moment vor einer Eislawine in Sicherheit bringen. Zuerst dachte ich, ich hätte viel Glück gehabt, weil ich mich nicht verletzte. Aber bei diesem Ereignis hatten sich Eiskristalle in meiner Lunge angesammelt, was bald darauf in einer schweren Bronchitis mit hohem Fieber gipfelte. Mein Hals war komplett zu, ich konnte kaum mehr atmen, es ging mir stündlich schlechter, sodass ich mit dem Helikopter vom Basislager direkt nach Kathmandu ins Spital ausgeflogen werden musste. Obwohl ich mich grauenhaft fühlte, fasste ich den Entschluss, mich innerhalb von drei Tagen zu regenerieren, um dann ins Basislager zurückzukehren. Dass mein guter Freund Maurizio Folini ausgerechnet dann einen Rettungsflug ausführen und deswegen von Kathmandu ins Khumbu-Tal, ins Basislager des Everest fliegen musste, betrachtete ich als gutes Zeichen. Ich war zwar immer noch krank, ergriff aber die Chance und flog mit Maurizio zurück. Einen Tag später war ich bereits wieder im Lager 2 auf 6400 Metern. In zwei Tagen wollte ich den Gipfel anpeilen. Das war mein Plan. Doch in der Nacht verschlechterte sich mein Gesundheitszustand rapide, ich bekam erneut hohes Fieber, schlimme Hustenanfälle mit akuter Atemnot und Durchfall. Es war keine Frage, ich musste zurück ins Basislager. Ich, die Alpinistin, die Berufsbergführerin, war gescheitert. Schon wieder.

An diesem Everest-Aufenthalt hing auch mein 100 000-Franken-Sponsoring für meinen Dokumentarfilm. Von diesem Geld bezahlte ich die Expedition, das Filmmaterial und die Postproduktion für mein neues Vortragsprojekt. Es war zwar von Anfang an klar, dass der Erfolg des Projektes nicht mit meinem eigenen Gipfelerfolg zusammenhing. Aber natürlich hatte ich diesen persönlichen Anspruch an mich. Nachdem ich 2001, von der Nordseite her kommend, schon auf dem Gipfel stand und ich diesen Erfolg 2005 aus den schon erwähnten Gründen nicht wiederholen konnte, hätte ich nun die Gelegenheit gehabt, den Gipfel von der Südseite her zu erklimmen. Ich hatte alle Möglichkeiten ausgelotet und jeden Grashalm gepackt, um das Unmögliche doch noch möglich zu machen. Aber die Hürde, die mir die Krankheit aufzwang, war höher als alle Kraftanstrengungen und Kraftreserven, die ich mobilisieren konnte. Es sollte nicht sein. Daraus habe ich gelernt: Scheitern ist nicht gleich Scheitern. Das eigene Gefühl in Bezug auf das Scheitern hat immer damit zu tun, wie stark man sich für eine Sache eingesetzt hat. Hat man alles versucht, kann man nicht nur das Scheitern als persönliche Lebensepisode akzeptieren, sondern auch mit den Verurteilungen von Drittpersonen besser umgehen. Die Kritiken gehen nicht so tief, weil man weiß, dass man alles gegeben und seinen besten Kampf gekämpft hat.

Scheitern heißt für mich deshalb auch Annehmen und Versöhnen. Eine Versöhnung kann aber nur stattfinden, wenn man sich Zeit gibt und eine gewisse Distanz zu den Geschehnissen aufbauen kann. Es braucht Raum, um die Situation neu zu beurteilen und einschätzen zu können. Erst wenn ich weiß, warum ein Misserfolg passiert ist, kann ich aus dem Scheitern lernen und Positives ernten. Erst wenn ich wieder auf solidem Boden stehe, kann ich einen neuen Weg einschlagen. Oder kann das, was zum Scheitern geführt hat, korrigieren und einen neuen Anlauf starten. Ich kann das Scheitern aber auch als Lebensepisode betrachten, es stehen lassen, wie es ist, und akzeptieren. Oder es zumindest versuchen. Es ist okay, das Leben anzunehmen, wie es ist. Im Positiven wie auch im Negativen. Um dann, wenn die Zeit reif ist, eine neue Standortbestimmung zu machen.

Wo stehe ich?
Was kann ich?
Was will ich?
Was sind meine Stärken?
Meine Schwächen?
Aber auch – was lassen meine Finanzen überhaupt zu?

Meine Mutter sagte manchmal: »Verkopf dich nicht, Evelyne, das sind die Umstände.« Sie sagte auch: »Manchmal verlieren wir. Manchmal gewinnen wir. Was solls?« Diese Sätze kommen mir seit ihrem Tod oft in den Sinn, vor allem dann, wenn ich wieder mal auf Grund gelaufen bin, mich nicht gut fühle.

Apropos auf Grund laufen: Das Wort Scheitern entstammt der nautischen Welt und geht auf das »Zerscheitern« eines Schiffes zurück, das an einem Felsen zerberstende Schiff, das in einzelne Holzscheite zerfällt. Das auf diese Weise »gescheiterte« Schiff löst sich in seine Bestandteile auf, sinkt und ist somit unwiederbringlich verloren.

Als Teenager hatte ich keine Pläne, keine Visionen, keine beruflichen Ambitionen. Ich hatte keine Ahnung, in welche Richtung ich gehen wollte. Im Grunde konnte ich nur eine Sache richtig gut: überdurchschnittlich ausdauernd und überdurchschnittlich schnell rennen. Außerdem loderte von Kindesbeinen an ein Feuer in mir: der Drang nach frischer Luft, die Freude an körperlicher Bewegung und die Liebe zur Natur und zum Abenteuer. Doch alle sagten mir: »Evelyne, davon kannst du nicht leben.« Heute bin ich dankbar, dass es mir gelungen ist, nicht die ausgetretenen Pfade zu wählen, sondern meine eigenen Spuren zu hinterlassen; auch wenn dies vergleichsweise anstrengend und das Risiko, zu scheitern, hoch ist. Aber auch wenn man den Rückzug antreten muss, auch wenn man »scheitert«, es gibt immer einen neuen Weg. Man darf nur nie aufgeben, nach ihm zu suchen.

All das weiß ich heute, kurz nach meinem fünfzigsten Geburtstag. Aber als es darum ging, die Öffentlichkeit endlich darüber zu informieren, dass ich nicht allein, sondern in einem Team zum Nordpol gehen würde, konnte ich meinen Stolz nicht überwinden. Die Vorstellung, von Medien und Drittpersonen als Angsthase abgestempelt zu werden, stand mir noch im Weg. Ich schwieg und richtete gleichzeitig meinen ganzen Fokus nach vorn. Meine Expedition »90° North – 100 % Commitment« war noch längst nicht zu Ende.

ETAPPE 4

NORDPOLARMEER

Start

Evakuierung Luc

Evakuierung Philippe

Eisbärspuren

Da bist du ja, Eisbär!

Helikopter-Pick-up

Nordpol

Barneo
(Russische Forschungsstation)

Luftdistanz 111 km
Laufdistanz ca. 160 km

Auf zum Nordpol
1. April bis 12. April 2017

Nur knapp zwei Wochen war ich daheim, bevor ich mich erneut aufmachte nach Longyearbyen, um hier meine gewohnte Unterkunft zu beziehen. Aber schon nach einer Nacht holte mich mein Rückzug auf Spitzbergen wieder ein.

Kein Wunder, denn heute präsentiert sich das Wetter trotz 22 Grad unter null von seiner schönsten Seite. Die langen, finsteren Nächte sind dem Polartag gewichen. Jetzt wäre der Zeitpunkt perfekt für die dritte Etappe im Alleingang. Wäre, hätte, täte …

Das Zeitfenster für die vierte und letzte Etappe ist genau jetzt, von Anfang bis Mitte April, offen. Die russische Station Barneo, Ausgangspunkt der Nordpolexpedition, wird erst in den letzten Märztagen aufgebaut. Nämlich dann, wenn die arktischen Tage nicht mehr nur Nächte sind und das Eis auf dem Nordpolarmeer stabil ist. Bereits nach der dritten Aprilwoche wird das Camp wieder abgebaut, weil dann das gefrorene Eis wegen der wieder wärmer werdenden Tage und Nächte aufzubrechen beginnt. Ich hatte also gar keine andere Wahl gehabt, als die Spitzbergen-Etappe im finsteren, kalten Arktis-Winter anzupacken. Oder es zumindest zu versuchen.

Mein Equipment hatte ich nach meinem Rückzug nicht mit nach Hause genommen, sondern hier in einem Lagerraum eingestellt. Aber ich bin heute viel zu träge, um die Ausrüstung zu sortieren und für die bevorstehende letzte Etappe bereit zu machen. Viel lieber verharre ich in Selbstmitleid. Ich brauche Stunden, um mich mental aufzuraffen und mich von der Negativspirale der Selbstvorwürfe zu befreien. Es gibt einfach Tage, an denen alle Zweifel hochkommen, die Ängste, das Hadern. Heute ist so ein Tag. Ich lege mich deshalb nach dem Frühstück noch einmal ins Bett und denke über die vergangenen Monate nach, die mir nicht nur in sportlicher Hinsicht viel abverlangt hatten. Die vergangenen vierzehn Monate waren nicht einfach. Nebst dem unerwarteten Tod eines lieben Freundes und dem Verlust von zwei weiteren Bezugspersonen fehlt mir meine liebe Mutter sehr. Sie hat mit 89 Jahren ein beachtliches Alter erreichen dürfen und war geistig nicht mehr sehr fit. Aber sie war bis ans Ende ihrer Tage selber in der Lage, ihren eigenen Haushalt zu führen. Ich vermisse sie sehr.

Jetzt wäre ein guter Moment, sie anzurufen, ein bisschen mit ihr zu plaudern und ihr zu versichern, dass alles in Ordnung sei. Sie hätte wohl vergessen, dass ich auf dem Weg zum Nordpol bin, deshalb hätte ich es ihr noch einmal erklärt. »So weit weg bist du, Evelyne?«, würde sie dann fragen, und ich würde ihr antworten, dass der Nordpol doch gar nicht so weit weg sei, jedenfalls nicht so weit weg wie der Südpol, und dann würden wir beide lachen. Vermutlich würde sie mich fragen, ob ich Pinguine gesehen hätte, und ich würde ihr antworten, dass die Pinguine in der Antarktis leben, nicht in der Arktis. Sie würde wissen wollen, ob ich Eisbären gesehen hätte in der Arktis und ob das nicht gefährlich sei. Und ich würde ihr antworten: »Nein, Mum, es ist nicht gefährlich, du hast mir ja deinen Segen gegeben und weißt doch, dass ich immer wieder gesund nach Hause komme.« Ungefähr so wäre unser Gespräch wohl verlaufen.

Mein Gott, wie ich sie vermisse, meine gütige Mutter, die immer so viel lachte, mich manchmal den letzten Nerv kostete, aber nie laut oder wütend wurde. Sie war eine tolle Frau. Erst am späten Nachmittag finde ich einigermaßen aus meinem Gefühlstief hinaus und gehe nach einem kurzen, aber intensiven Training früh schlafen.

Am kommenden Tag werde ich Dixie und sein Team kennen lernen. Ich bin sehr gespannt, blicke dem Treffen aber auch mit einer gewissen Skepsis entgegen. Meine körperliche und mentale Verfassung, mein Wille und meine Leistungsbereitschaft sind aufgrund meiner langjährigen Erfahrung sehr ausgeprägt. Es liegt auf der Hand, dass ich nicht nur an mich, sondern auch an mein Team sehr hohe Ansprüche stelle. Als ich im Hotel eintreffe, wo ich meine zukünftigen Weggefährten treffen soll, sind schon alle versammelt: Dixie, der Teamleader, Pavel, Luc und Philippe, alles Männer zwischen 50 und 65 Jahren, und Marin, eine junge Japanerin, außer mir die einzige Frau im Team. Mit verhaltener Neugier mustere ich meine neuen Kameraden. Ich will zum Nordpol, und ich weiß, dass meine Erfolgschancen im Team um einiges höher sind als im Alleingang. Also sollte ich dankbar sein dafür, mich diesen Menschen anschließen zu können. Andererseits sperrt sich alles in mir. Selbst wenn ich den Nordpol nun erreichen sollte – der Gedanke, dass ich versagt habe, weil ich es nicht wenigstens im Alleingang versucht habe, lässt mich nicht los. Oder anders: Ich weiß, dass ich es mit meinem Background allein schaffen könnte, füge mich jetzt aber freiwillig in ein Team ein, das teilweise aus Touristen besteht. In dem Moment, als wir Hände schütteln, wird mir diese Tatsache schmerzhaft bewusst. Jetzt geht es darum, mein Ego zurückzunehmen, um gemeinsam ein Ziel zu erreichen.

Nur noch einen Tag ausharren, dann geht es endlich los. Das Wetter verspricht Gutes, und die Vorfreude verdrängt meinen Gefühlsblues endgültig. Gemeinsam kümmern wir uns um das Verpacken der Essensrationen. Zum Frühstück wird es Müesli geben, zwischendurch Nüsse, Riegel, Dörrfrüchte, Salami und Speck und zum Abendessen gefriergetrocknete Menüs, die wir nur mit heißem Wasser zu übergießen brauchen, um sie dann direkt aus dem Beutel zu verzehren. Anschließend stellen wir probehalber unsere Zelte auf und testen die Signalpistole sowie unsere Waffen. Ich beobachte, dass Dixie sein Gewehr nicht richtig manipulieren kann, und biete ihm deshalb meine neue Mossberg Mariner an. Dixie will aber mein Gewehr nicht annehmen. Er sagt, er habe mit seiner eigenen Waffe mehr Übung, während er unbeholfen den klemmenden Nachlademechanismus zu entriegeln versucht. Ich denke mir meinen Teil. Später bauen wir die Zelte wieder ab und trennen uns, um unsere restlichen Sachen zu packen. Wir wollen uns später in der Lagerhalle wieder treffen, wo die Schlitten untergebracht sind. Dort erfahren wir, dass unser Flugzeug von Longyearbyen nach Barneo morgen schon um neun Uhr anstatt, wie bisher angenommen, abends um sechs abheben wird.

Ich schlafe in dieser Nacht nicht wirklich tief, obwohl ich müde bin. Weil wir schon um halb acht bereit sein müssen, stehe ich um vier Uhr auf und baue ein kurzes Work-out ein, bevor ich nach einem letzten üppigen Frühstück zur Lagerhalle gehe, wo wir unsere Schlitten verladen und zum Flughafen fahren. Nach dem Check-in stelle ich mich auf das altbekannte »hurry-up-and-wait-game« ein. Denn wie immer auf Expeditionen eilt es zuerst sehr, nur um dann stundenlang darauf warten zu müssen, dass es endlich losgeht.

Während ich warte, wird mir klar, dass jetzt der Zeitpunkt gekommen ist, etwas zu tun, das ich schon längst hätte tun sollen.

Mit meinem Smartphone mache ich ein Foto eines im dichten Nebel flatternden Windsacks neben der Landepiste und schreibe einen kurzen Text, den ich zusammen mit dem Bild auf meiner Facebook-Seite poste. Sinngemäß verwende ich diese Sätze: »Nach Etappe 1 von rund 5000 Kilometern auf dem Fahrrad zum Nordkap und Etappe 2 von mehr als 550 Kilometern auf Skiern durch das Inlandeis von Grönland und meinem Rückzug auf Spitzbergen aufgrund miserabler Wetterbedingungen und Schneeverhältnisse steht nun also die vierte und letzte Etappe an. Ich werde mich nicht im Alleingang, sondern im Team zum eigentlichen Ziel, zum Nordpol, meinem ›dritten Pol‹ nach dem Everest und dem Südpol, aufmachen.« Sollen doch alle wissen, dass sich meine Pläne geändert haben. Ich werde jetzt fortfliegen und alles hinter mir lassen. Um die Fragen der Journalisten und die Reaktionen, die es zweifellos auf meinen Post geben wird, werde ich mich kümmern, wenn ich zurück bin.

Reaktionen würde es zuhauf geben, das war mir klar. Als Thomas Ulrich, der Schweizer Polarabenteurer, seine Russland-Nordpol-Kanada-Expedition nach nur drei Tagen auf dem Arktischen Ozean abbrechen und von den Russen mit einem Hubschrauber von einer Eisscholle gerettet werden musste, waren die Reaktionen heftig. Zurück in der Schweiz, bekam er Briefe von wildfremden Menschen, die ihm den Tod wünschten. Andere, die er genauso wenig kannte, wünschten ihm aber auch gute Genesung und viel Glück für die Zukunft und weitere Expeditionen.

Ich kenne das. Als ich vom Südpol zurückkam, würdigten die einen meine Expedition als Höchstleistung, andere urteilten sie ab. Wenn ein und dieselbe Geschichte derart unterschiedliche Reaktionen bei unterschiedlichen Menschen auslöst, frage ich mich immer, welches Phänomen dahintersteckt. Was wird projiziert, wenn jemand, der mich nicht kennt, in die Hände klatscht, mich anfeuert und »Bravo!« ruft? Und was wird projiziert, wenn Unbekannte »Buhh!« rufen? In beiden Fällen ist es ein indirektes Erleben, ein Teilhaben an etwas, das diese Menschen selber nicht zu leisten vermögen. Reaktionen von denen, die mich unterstützen, tun gut und spornen mich an. Durch jene, die mich verwünschen, lerne ich, mich abzugrenzen.

Freiheit

Ich wollte schon immer frei sein und unabhängig. Freiheit bedeutet aber nicht, zu tun und zu lassen, was man gerade will. Das wäre purer Egoismus. Freiheit setzt Mündigkeit voraus und bedeutet, Verantwortung zu übernehmen für das, was man tut und wie man es tut. Mündig ist, wer eine Haltung einnimmt. Ich stehe zu mir und meinem Fußabdruck. In der Art und Weise, wie ich mein Leben lebe, bringe ich mich und meine Fähigkeiten, die Gaben, die ich besitze, und die Individualität, die mich als Menschen ausmacht, zum Ausdruck. Dabei gebe ich für mich und – so hoffe ich – auch für die Gesellschaft mein Bestes. Freiheit ist anspruchsvoll. Man muss sie aktiv gestalten. Das schafft nur, wer stark ist. Stärke wiederum setzt Selbst-er-kenntnis voraus, also ein gewisses Interesse an sich selber.

Im Rahmen meiner Dokumentarfilmausbildung führte ich ein Interview mit Martin Werlen, dem damaligen Abt des Klosters Einsiedeln. Er sagte: »Unter Egoismus verstehen wir meistens, dass ein Mensch hauptsächlich um sich kreist. Dass er die Bedürfnisse anderer nicht oder zu wenig wahrnimmt. Aber die Liebe zu sich selber ist nicht Egoismus. Wir können nicht einen anderen lieben, wenn wir uns selber nicht gernhaben. Selbstliebe darf nicht als Egoismus verstanden werden. Nur ein Mensch, der sich selber liebt, kann sich auch verschenken. Wenn ich nicht Respekt für mich selber empfinde, ist die Möglichkeit, mich zu verschenken, begrenzt. Sehr begrenzt. Und nur das, was wir annehmen, können wir auch verschenken. In dem Maß, wie wir uns selber annehmen, können wir uns auch verschenken.«

Selbst wenn mein Ehrgeiz zuweilen mit mir durchbrennt wie ein wildes Tier, das zu lange in einem Käfig eingesperrt war, ging es mir bei meinen Abenteuern nie darum, mich oder andere zu toppen. Und doch sind es die Fragen nach den besten, schönsten, schlimmsten Erlebnissen, die mir am häufigsten gestellt werden. Ich wundere mich dann meistens ein bisschen: Warum soll ich mich selber überbieten? Etwas toppen? Superlative waren nie mein Antrieb. Im Gegenteil. Ganz am Anfang stand, an immer schwierigeren Aufgaben wachsen zu wollen. Unerreichbar Geglaubtes rückte durch unzählige Trainings, anspruchsvolle Bergtouren und herausfordernde Expeditionen plötzlich in den Bereich des eventuell Machbaren. Meine durch Leidenschaft genährte Selbstdisziplin, Leidensfähigkeit und Opferbereitschaft erweiterten meinen Bewegungsradius um ein Vielfaches. Dadurch eröffneten sich mir Möglichkeiten, von denen ich in jungen Jahren nicht zu träumen gewagt hätte. Leidenschaft, Selbstdisziplin und Leidensbereitschaft sind aber nicht messbar. Und wenn man ein Ziel nicht nur aus einer Leistungsmotivation heraus anpeilt, sondern einfach, weil man es kann und Lust darauf hat, werden die Beweggründe – besonders für Unbeteiligte – diffus. Und sobald es diffus wird, wird es schwierig. Diffus behagt uns nicht. Diffus irritiert.

Ich habe meine Sehnsüchte immer sehr ernst genommen und sie zum Glück nie ins Unerreichbare verdrängt. Trotz Widerständen bin ich meinem Herzen gefolgt, wurde Bergführerin, habe das Abenteuer zu meinem Beruf gemacht und ging auf Expeditionen, von denen ich nie wissen konnte, ob ich gesund zurückkommen oder scheitern würde. Das alles hat mit meinem Drang nach Freiheit zu tun. Aber auch mit einer grundlegenden Treue zu mir selbst. Das Überwinden von Ängsten und Zweifeln bedingt, mutige Schritte zu wagen, viel betretene Pfade zu verlassen und Unsicherheiten nicht zu ignorieren, sondern sie als Herausforderung anzunehmen. Dazu meinte Abt Werlen: »Wenn jemand Angst hat, dass etwas schiefgehen könnte, fehlt ihm oft der Mut, eine Herausforderung anzugehen. Die Angst, dass man mehr verlieren als gewinnen kann, diese Unsicherheit bleibt aber bei einer Herausforderung immer bestehen. Dieses Risiko bleibt immer. Wir können nicht sagen: Es ist nachher gut. Wir müssen ein Wagnis eingehen. Und ein Risiko kann ich letztlich nur eingehen, wenn ich ein grundlegendes Vertrauen in mich habe.«

Freiheit bedeutet deshalb immer auch, die Möglichkeit eines radikalen Scheiterns miteinzuschließen. Zu wissen, dass es einen Kreis von Menschen gibt, bei denen man dennoch aufgehoben ist, wirkt wie ein Fallschirm, es ist ein Geschenk. Mir ging es bei meinen Unternehmungen nie nur um die Frage, ob ich ein Ziel erreichen kann oder nicht. Mich haben auch immer existenzielle Ängste geplagt, die es zu überwinden galt. Zum Beispiel damals, als ich mich für meine Expedition Antarctica entschied. Ich investierte achtzig Prozent meines angesparten Vermögens; ein Scheitern hätte auch deshalb sehr wehgetan, weil ich mich finanziell über Jahre hinweg hätte davon erholen müssen. Auch deshalb bin ich überzeugt davon, dass Freiheit Mündigkeit voraussetzt. Ich muss stark genug sein, die Verantwortung für mein Tun oder Lassen zu übernehmen.

Janis Joplin singt im Song »Me and Bobby McGee«: »Freedom is just another word for nothing left to lose. Nothing, don't mean nothing, honey, if it ain't free, no no.« Freiheit muss frei sein. Deswegen ist das Ego der grösste Feind der Freiheit. Denn dieses strebt nach Status und Anerkennung, nach Aufmerksamkeit und Lob, nach Hab und Gut. Erst wenn man sich von diesen Begehren löst und das Scheitern als Möglichkeit im Leben integriert, ohne es zu verurteilen, kann sich Leben frei entwickeln. Davon bin ich überzeugt.

Die Schweizer Philosophin und Autorin Barbara Bleisch sagte unlängst in einem Interview in der Zeitung »Berner Oberländer«: »Es ist paradox. Obwohl wir noch nie so viele Freiheiten und Freizeit hatten wie in der heutigen Zeit, scheinen viele Menschen frustriert zu sein. Sie bilden zwar Meinungen, haben aber nicht den Mut für selbstverantwortliche Lebensentwürfe und Taten und entwickeln sich zu unzufriedenen Freak-out-Menschen mit dem Reflex, dumpfbackige Meinungen hinauszuposaunen, ohne nachzudenken, aber immer mit dem Ziel, dafür Aufmerksamkeit zu erhaschen und mittels Verurteilungen anderer kurzzeitig das eigene Ego höher zu stellen. Dies ist die Ausdrucksweise jener Menschen, die sich in unsere Burn-out-Erregungskultur verirrt haben. Und so nehmen sie sich die Freiheit, ihren unreflektierten Trieben verbal freien Lauf zu lassen, sei es in Kommentaren von Online-Magazinen, in anonymen Briefen oder durch andere, für Unmut freigelegte Dampfablass-Ventile. Anstatt selber in Aktion zu treten und Mut für eigene Schritte und Taten aufzubringen, bedienen sie sich des psychologischen Mechanismus namens Projektion. Um sich nicht mit ihrer eigenen Feigheit zu konfrontieren, ärgern sie sich über das Tun oder das Verfehlen anderer, ohne sich bewusst zu sein, dass das Problem ihr eigener Unmut ist.«

Auch Immanuel Kant, der deutsche Philosoph, widmete sich dem Thema. Er schrieb im Jahr 1784: »Unmündigkeit ist das

Unvermögen, sich seines Verstandes ohne die Leitung eines anderen zu bedienen.« Diese Unmündigkeit sei selbst verschuldet, wenn ihr Grund nicht ein Mangel an Verstand sei, sondern die Angst davor, sich seines eigenen Verstandes ohne die Anleitung eines anderen zu bedienen.

Selbst verschuldet ist die Unmündigkeit also dann, wenn es uns an Mut mangelt. An Mut, sich an die psychologisch anspruchsvolle Aufgabe heranzuwagen, eigene und selbstverantwortliche Schritte zu tun. Freiheit bedeutet, den Mut zu haben, sich auf sich selber einzulassen und neue, unkonventionelle Wege zu gehen. Sie bedeutet, sich zum Ausdruck zu bringen und dadurch nicht zuletzt auch der Gesellschaft, der Gemeinschaft und dem eigenen Umfeld mit neuen Impulsen zu dienen.

✦

Auf einmal wird es hektisch auf dem Flugplatz. Wir bekommen von der Flugsicherung die Freigabe für den Abflug nach Barneo, der russischen Forschungsstation, die jedes Jahr mitten im Arktischen Ozean mit viel Aufwand auf dem Treibeis aufgebaut wird. Noch nie wurde die Eispiste so nahe am Nordpol ausgesucht wie dieses Jahr. Aber dafür haben die Russen ihre guten Gründe. Jeden Tag driftet das Treibeis rund neun Kilometer südwärts. Knapp vier Wochen lang wird die Forschungsstation aktiv sein und während dieser Zeit rund 250 Kilometer nach Süden abgetrieben werden. Im vergangenen Jahr hatten die Russen Pech. Das Eis brach unter dem Camp und unter der Eispiste auf. Dabei rutschte ein Flugzeug ins Wasser. Die Forscher und das Hilfspersonal mussten evakuiert werden, das Flugzeug ging für immer verloren.

Die Antonow, die uns, zusammen mit russischen Soldaten, in Kürze nach Barneo fliegen wird, lässt ihre große Heckklappe herab. Wir verladen die Schlitten und besteigen die alte Maschine, die mich an eine Hummel erinnert, die etwas zu kurz geraten ist für ihren dicken Bauch. Wie zwei riesige Augen hängen die Triebwerke an den Flügeln hoch über dem Boden, damit sie beim Start und bei der Landung nicht die holprige Eispiste touchieren. Zuerst startet das linke, dann das rechte Triebwerk, die Maschine rollt auf das Flugfeld, beschleunigt, hebt ab, durchdringt den Nebel und dreht in Flugrichtung Nord. Ich lehne mich für einen bewussten Moment zurück. Viele Schwierigkeiten habe ich im Vorfeld überwunden, um jetzt auf diesem Flug nach Barneo zu sein. Zehn Jahre lang habe ich gespart, um mir diese Nordpolexpedition leisten zu können. Viele schlaflose Nächte haben mich geplagt, tausende Fragen beschäftigt. Aber die Südpolexpedition, die Grönland-Traversierung und das Know-how, das ich mir in den Jahren 2003 und 2004 in der kanadischen Arktis angeeignet habe, geben mir jetzt die nötige Selbstsicherheit. Ich bin auf dem Weg zum Nordpol. Ich bin glücklich.

Die Heldenreise

Das Aufbrechen zu neuen Ufern ist weniger eine Heldentat als vielmehr eine Persönlichkeitsentwicklung. Ein Abenteuer, so wie jeder Weg, von dem man nicht weiß, wie und ob er gut endet, verändert den Charakter eines Menschen. Von einer Heldenreise redet man aber erst, wenn wir die uns gestellte Aufgabe und deren Hindernisse erfolgreich überwinden und die Unreifen, die unsere Persönlichkeit mitprägen, hinter uns lassen. Das zumindest lehrt uns die Mythenforschung. Eine Expedition fernab von jeder Zivilisation ist eine von vielen Möglichkeiten, diese Persönlichkeitsschulung zu durchwandern. Denn erst an den Grenzen des Möglichen kommen die wahren Charakterzüge eines Menschen ungeschminkt zum Vorschein. Wie beim Schälen einer Zwiebel löst sich Schicht um Schicht dessen, was wir zuvor – manchmal während Jahren und meist unbewusst – über unseren Charakterkern gepflastert haben. Kommt dieser dann unverhüllt zum Vorschein, sind wir oft erstaunt. Wir reagieren entsetzt, wenn Menschen, die im Alltag hohe Moralvorstellungen vorleben und ebensolche von anderen erwarten, in Extremsituationen nur noch an ihren eigenen Vorteil denken und dementsprechend handeln.

Unehrenhaftes Verhalten kann man überall beobachten: auf der Straße, bei der Arbeit, in der Nachbarschaft – eben überall, wo eine Situation unerwartet eintrifft. Reflexartig ziehen sich dann viele aus der Verantwortung. Erst später, wenn sie darüber nachdenken, wird ihnen bewusst, dass sie versagt haben. Dieses Phänomen ist altbekannt. So bekannt, dass es auch in zahlreichen Geschichten und Mythen von Naturvölkern auftaucht, die nie miteinander in Berührung kamen und nichts voneinander wussten. Wie dem auch sei. Meine Expeditionen fühlten sich für mich nie wie eine Heldenreise an. Ich kann aber nicht abstreiten, dass mich die Grenzsituationen, in die ich öfters geriet, sehr viel lehrten.

So etwa meine erfolgreiche Gipfelbesteigung am Mount Everest 2001, von der Nordseite her aus Tibet kommend: Der Aufstieg war technisch nicht allzu schwierig, und ich verzichtete in der sogenannten Todeszone über 8000 Meter auch nicht auf Flaschensauerstoff. Trotzdem war die Expedition aufgrund der extremen Höhenlage alles andere als ein Zuckerschlecken. Ich war am Gipfeltag ganz allein unterwegs, denn ich hatte alle Bergsteiger, die sich um Mitternacht aufgemacht hatten, längst hinter mir gelassen. Allein an diesem Giganten unterwegs zu sein, war ein einmaliges Geschenk für mich. Andererseits hätte nur eine Kleinigkeit schiefgehen müssen … Die Toten, an denen ich in der Nacht und im Morgengrauen vorbeigeklettert war, erzählen alle eine Geschichte davon, wie schmal der Grat zwischen Erfolg und Misserfolg, Leben und Tod sein kann. Auch deshalb lehrte mich die Everest-Besteigung viel über meinen inneren Antrieb, die Unreifen meines Charakters und meine Ungeduld mit mir selbst, aber auch mit anderen.

Die Expedition zum Südpol war anders. Komplexer, länger, ungewisser, und in mancher Hinsicht wuchs mir ihre Dimension über den Kopf. Ich war vernarrt in die Berge, aber jetzt rief mich mit der Antarktis das Flachland. Es machte absolut keinen Sinn, mich diesem inneren Ruf zu öffnen. Zusätzlich kamen Hürden auf mich zu, von denen ich nicht wusste, wie ich sie überwinden sollte. Seien es die finanziellen Mittel, die ich in diese Expedition investierte, sei es die intensive Vorbereitungszeit von fast vier Jahren, die Länge der Anfahrt von 25 000 Kilometern auf dem Fahrrad durch sechzehn Länder Europas, Nord-, Zentral- und Südamerikas oder der anschließende 1200 Kilometer lange Marsch von der Küste der Antarktis bis zum Südpol. Dieser letzte Teil zwar gemeinsam mit einem Team, doch ohne Zuhilfenahme von Zwischendepots oder körperliche Unterstützung durch Windsegel – in der Fachsprache »unsupported and unresupplied full length South Pole expedition« genannt.

Die gesamte Expedition war so gewaltig, dass der Erschöpfungstod nach über 68 Wochen des täglichen Unterwegsseins sechs Tage vor dem Ziel in den Bereich des Realen gedrungen war. Ich sah meinen Tod, wie er mich umarmte. Als ich nach dem körperlichen Zusammenbruch und achtzehn Stunden Pause frühmorgens das Zelt abbaute, sammelten sich unter meiner Sturmbrille die Tränen. Ich wusste nicht, ob ich meine Lieben daheim wiedersehen würde. Der Gedanke an meine Mutter brach mir das Herz. Ich hatte ihr versprochen, von jeder Expedition lebend nach Hause zurückzukehren. Doch meine große Sorge war, dass mein Körper in den kommenden Stunden vielleicht nicht mehr in der Lage sein würde, dieses Versprechen einzuhalten. Innerlich verabschiedete ich mich.

In meinem Tagebuch versuchte ich, das Erlebte zu verarbeiten. Ich schrieb: »Die Bereitschaft, zu sterben, schließt nicht aus, für sein Leben zu kämpfen. Jede Faser in mir will leben, aber wie zu jeder Sekunde des Lebens ist der Tod eine Möglichkeit. Der Unterschied liegt darin, dass ich jetzt mit dieser Möglichkeit in Absprache stehe. Heute glaube ich, dass die Bereitschaft, für ein Ziel zu sterben, mit ein Grund ist, dass ich meine letzten Kraftreserven zu mobilisieren vermochte. In der Antarktis ist der große Bruder des Schlafs weiß und frei von Verwesung. Wer hier stirbt, bleibt vorläufig unsterblich. Er verliert seinen Körper nicht. Genau wie die Toten auf dem Everest, an denen vorbei ich am Gipfeltag geklettert war. Die Antarktis und der Everest verlangen von ihren Opfern ein einsames Ende. Und ein langes Vergessen. Jede menschliche Spur versinkt im Schnee und erstarrt im Eis. Ist das so schlimm?«

Nun, ich überlebte. Auch deshalb, weil die vier Männer im damaligen Team und ich in den fünfzig Tagen und fünfzig Nächten, in denen wir zusammen unterwegs waren, zu einem eingeschworenen Team zusammengeschmolzen waren. Sie waren für mich da, als es mir schlecht ging. Die fünfzig gemeinsamen Tage lehrten uns, wenn auch notgedrungen, von einer kleinen Gruppe egozentrischer Individuen zu einem homogenen Organismus zusammenzuwachsen.

Die Grenzerfahrung am Südpol habe ich zwar daheim in meinem Buch »Expedition Antarctica« und meinem Vortrag »484 Tage

Expedition Antarctica«, mit dem ich 2008 und 2009 durch die Schweiz tourte, verarbeitet. Richtig verstanden habe ich sie aber erst in einem abgedunkelten Schnittraum in Los Angeles. Genauer gesagt in Hollywood während meiner Ausbildung zur Dokumentarfilmerin. Von meinem Dozenten John Steinmann wurde ich aufgefordert, mein gesammeltes Filmmaterial zu editieren. So lernte ich nicht nur die Grundlage des technischen Wissens über das Schnittprogramm, sondern auch die Wichtigkeit einer Strukturabfolge kennen, die jeder Geschichte zugrunde liegt, in der Konflikte zu lösen sind. Dabei erzählte mir Steinmann von den Forschungsarbeiten Joseph Campbells, eines 1987 verstorbenen US-amerikanischen Mythologen, der unzählige Geschichten von Naturvölkern studiert und dabei in jeder Geschichte eine ähnliche Strukturabfolge erkannt hatte. Steinmann hatte seine Bücher offenbar intensiv gelesen, er zitierte:

»Wir erarbeiten uns über Jahre hinweg ein beschauliches und sicheres Leben, bis wir eines Morgens mit einem undefinierbaren Gefühl der Unzufriedenheit aufwachen. Unbemerkt ist unser Leben in eine Schlaufe von Wiederholungen geraten. Manche nennen es Alltag. Doch das Leben ist nicht dazu da, es passiv an uns vorbeiziehen zu lassen, sondern um es aktiv zu gestalten und Neues zu lernen. Diese Sehnsucht passt aber so gar nicht zu unserer jetzigen Situation. Vielleicht haben wir einen sicheren Job, ein regelmäßiges Einkommen, einen Status in der Gesellschaft, eine liebevolle Familie, Freunde und vielleicht sogar ein eigenes Haus, weshalb die latente Unzufriedenheit für uns keinen Sinn ergibt. Wir schicken die Sehnsucht nach Erleben in die Welt der Träume und tun sie als Hirngespinst oder Midlife-Crisis ab. Doch die Sehnsucht nach neuem Erleben lässt sich nicht abschütteln, sondern nimmt von Tag zu Tag konkretere Formen an. Professor Joseph Campbell nennt diese Sehnsucht ›den inneren Ruf‹.

Es ist jedoch Teil unserer Entwicklung, diesen inneren Ruf zu verleugnen. Und zwar so lange, bis die Unzufriedenheit und der Leidensdruck zu groß werden. Erst dann unternehmen wir den ersten Schritt, dem inneren Ruf zu folgen. Diejenigen, die sich auf den Weg machen, finden aber nicht etwa Friede, Freude, Eierkuchen, sondern durchlaufen eine Krise nach der anderen. Schließlich ist die neue Welt ganz anders als die Welt, die sie von früher kennen. Diejenigen, die sich aber ihren Ängsten stellen und trotzdem aufbrechen, sind auf dem Weg zur Heldwerdung. Sie lernen, dass sie nicht jeder Gestalt auf diesem Weg vertrauen können, werden hinters Licht geführt und enttäuscht, finden aber auch Verbündete. Das geht so lange, bis sie an Reife gewinnen und sich in ihrer neuen Welt einigermaßen zurechtfinden. Das eigentliche Ziel der Suche, das Meistern der Herausforderung, liegt aber noch vor ihnen, und viele Tode – sei dies finanziell, emotional, seelisch, physisch oder alles zusammen – müssen noch gestorben werden. Das Überwinden der teuflischen Tiefs hilft ihnen in der Menschwerdung weiter. Ihr Geist wird geschult, ihre Seele wächst an Weisheit. Danach kehren sie als neuer Mensch in die alte Welt zurück, an die sie sich aber zuerst wieder gewöhnen müssen. So lange, bis sie ihre Erkenntnisse an andere Menschen weitergeben können.«

Ich war verblüfft. Es war, als würde mir mein Dozent meine eigene Geschichte vom Südpol erzählen. Ich war Alpinistin, hatte keine Polarerfahrung, fuhr nicht gern Fahrrad, und doch riefen mich 25 000 Kilometer durch sechzehn verschiedene und, besonders für Frauen, sehr herausfordernde Länder. Das Ziel war nicht ein Berggipfel, sondern ein endlos weiter Weg in eisiger Kälte, bis ich bei neunzig Grad Süd, der den Südpol markiert, ankommen würde. Dieser innere Ruf ergab für mich keinen Sinn. Doch ohne mich lange zu hinterfragen, folgte ich ihm bis zum Schluss.

Wohlgemerkt, ich würde die Expedition an den Südpol nicht mehr machen wollen – sie forderte beinahe alles von mir. Rückblickend möchte ich aber auch nicht auf sie verzichtet haben, hat sie mich doch sehr viel gelehrt. Ich denke, viele Menschen kennen diese Art Erfahrung, wenn auch in einer etwas anderen Form.

Ich saß also in diesem Schneideraum in Hollywood und hörte meinem Dozenten zu, der mir die Strukturabfolge einer Geschichte näherzubringen versuchte, während vor meinem inneren Auge der Film meiner eigenen Antarktisexpedition ablief, die haargenau diesem Muster entsprach. Wer hätte gedacht, dass mir ausgerechnet eine Schule in Hollywood zu einem derartigen Aha-Erlebnis verhelfen würde? Ich bestimmt nicht.

Jeder Mensch ist auf seinem Lebensweg sein eigener Protagonist. Wie wir unsere Reise durchs Leben anpacken, ist individuell. Es ist uns überlassen, wie wir unser Leben gestalten. Joseph Campbell sagte es so: »Nur die, die weder einen inneren Ruf noch eine äußere Doktrin kennen, sind wahrhaft in einer verzweifelten Lage.« Reinhold Messner drückte es etwas markanter aus: »Viele Menschen sind schon während ihres Lebens tot.«

Aber zurück in die Antonow. Hier ist es laut und eng. Der Chef der russischen Soldaten hat es sich ganz hinten auf unseren Schlitten gemütlich gemacht. Er liegt quer auf unserem Gepäck, das nur durch ein Netz von unseren Sitzplätzen abgetrennt ist, und schnarcht genüsslich vor sich hin. Auch seine Kameraden scheinen müde zu sein. Leider kann ich mich nicht mit ihnen unterhalten, da ich kein Russisch und sie offenbar kein Englisch sprechen. Daher erfahren wir auch nicht den Grund ihrer Reise zur russischen Forschungsstation.

Die Kabine ist von innen mit Holzfaserplatten ausgekleidet. Es gibt keine Fenster, also nutze ich die Gelegenheit und richte meinen Blick auf meine neuen Kameraden. Pavel ist ein Geschäftsmann aus Tschechien. Er bestreitet im hohen Norden Langlaufrennen über die Langdistanz, war aber noch nie auf einer Polarexpedition. Seine Motivation für diese Reise ist, zu erfahren, wie man bei eisigen Temperaturen in der Arktis überleben kann. Er ist Hobbyjäger und hat schon sechzig Tiere geschossen. Das alles erzählte er mir stolz bei unserem ersten Treffen. Mit Vorliebe geht er auf Hirschjagd, schließt sich dabei aber meistens einem Führer an. Pavel hat ein rundliches Gesicht und blaue Augen, die tief in ihren Höhlen liegen. Er lächelt viel und scheint ein sanftes Gemüt zu haben. Als Inhaber von 56 Firmen, die er in seinem Land nach und nach aufkaufte, kann ich mir aber vorstellen, dass seine liebliche Erscheinung täuschen und er zum Wolf im Schafspelz werden kann. Wenn er lächelt, zeigen sich zwei spitze Eckzähne.

Neben Pavel sitzt Luc, ein Belgier. Sein Gesicht strahlt, selbst wenn er nicht lächelt. Er hat eine sportliche Statur, scheint ausdauernd und kräftig und erinnert mich ein bisschen an Louis de Funès, den französischen Schauspieler, der sich mit Schalk und überdrehtem Verhalten in die Herzen seiner Zuschauer gespielt hat. Luc ist aber nicht überdreht, sondern eher analytisch und pragmatisch. Auch er war noch nie auf einer Polarexpedition, bringt keine Erfahrung mit.

Hinter ihm im Flugzeug döst Philippe, ein Neurologe, der in Paris lebt. Als ich ihn zum ersten Mal sah, dachte ich, man mache einen Witz mit mir. Dieser Franzose mit den langen Beinen – Beinen, die im Verhältnis zum leicht buckligen, kurzen Rücken viel zu lang sind – will tatsächlich zum Nordpol? Sein Aussehen erinnert mich ein bisschen an einen Bernhardiner, dessen Gesichtszüge aus der Form geraten sind. Philippes Augen sind ausdruckslos und leer. Es gelingt mir nicht, ihn einzuschätzen.

Marin ist eine junge, attraktive Japanerin mit einer positiven und aufgestellten Art. Mit der Ankunft am Nordpol will die erst 21-Jährige ihren »Grand Slam« als jüngster Mensch beenden. Das heißt, sie will der jüngste Mensch sein, der bisher auf den Seven Summits war, also die jeweils höchsten Berge aller Kontinente erklommen hat, die letzten hundert Kilometer zum Südpol und jetzt bald auch noch die letzten hundert zum Nordpol geschafft hat. Ihre bisher erreichten Ziele verraten, dass sie eine Frau der Taten ist. Marin hat eine gewinnende Art und aufgeklebte Wimpern, die sich später, sobald wir im Eis unterwegs sind, mit Eiskristallen verkleben und ihr das Öffnen und Schließen der Augenlider erschweren werden. Am Nordpol angekommen, wird sich jede einzelne falsche Wimper von ihrem Augenlid gelöst haben. In den Polarnächten, die wir zusammen im Zelt verbringen werden, wird sie mir einiges über ihre emotionalen Höhen und Tiefen anvertrauen.

Neben Marin sitzt Dixie. Der Belgier hat sich in seinem Land als Abenteurer einen Namen gemacht. Seine Expeditionen führten ihn unter anderem schon in die Antarktis, quer durch Grönland, auf Spitzbergen und zum Nordpol. Er hat einen eher kleinen, aber sehr kompakten Körper, was ihm in der eisigen Kälte entgegenkommt, da er weniger Energie verbrennt als ein großer, athletischer Körper. Dixie ist bestimmt ein sehr ausdauernder Sportler. Mit seinem Wesen und seiner Erscheinung verschafft er sich leicht Zugang zu den Menschen und ist schnell »everbody's darling«. Hinter seinem extrovertierten Verhalten erahne ich aber auch einen ins Oberflächliche tendierenden und nicht sehr großzügigen Charakter. Seine Augen funkeln und sind wach, sie liegen eng und tief in den Augenhöhlen, was die Dominanz seiner markanten Nase zusätzlich verstärkt. Nasen- und Augenpartie verraten eine ausgeprägte Willenskraft, die sich aber auch, wie sich später herausstellen sollte, leicht in Sturheit umwandeln kann.

Und ich? Ich kann mir vorstellen, dass ich auf andere einen verbissenen Eindruck mache. Selber würde ich mich allerdings eher als konzentriert und fokussiert bezeichnen. Als Bergführerin und Guide bin ich mir der Verantwortung meinen Kunden und Gästen gegenüber jederzeit bewusst. Sie buchen mich, um etwas zu erleben und Spaß zu haben. Und sie bezahlen mich, damit ich die Gefahren für sie einschätze. In meinen bald dreißig Jahren Erfahrung hat sich viel Wissen angesammelt. Nicht nur in Bezug auf das Bergsteigen, sondern auch bezüglich der Risikoanalyse im Gebirge und der Beurteilung der Kunden und ihrer Fähigkeiten. Meine Hauptaufgabe sehe ich nicht darin, einen möglichst sympathischen Eindruck zu vermitteln und mich beliebt zu machen, sondern meine Klienten sicher durch das alpine Gelände zu führen. Natürlich haben wir dabei auch viel Spaß, das ist wichtig. Aber meine Gäste wissen aufgrund meiner Anweisungen und meines Tonfalls sehr gut, wann der Spaß der Ernsthaftigkeit und Konzentration weichen muss und Vorsicht geboten ist.

Dixie, Pavel, Luc, Philippe, Marin und ich – wir brauchen keine neuen Freunde. Ob wir einander gefallen oder nicht, ist nicht wichtig. Wir müssen uns nur als Team aufeinander verlassen können. Die Natur wird alles von uns fordern und schon bald zeigen, ob wir der Aufgabe gewachsen sind.

✦

Nach knapp zwei Stunden leitet der Pilot den Sinkflug ein. Das unverkennbare Poltern kündigt an, dass das Fahrwerk ausgefahren wird. Wenig später setzen die Räder auf dem holprigen Untergrund auf. Obwohl es rumpelt und schüttelt, ist die Landung auf dem Meereis perfekte Profiarbeit. Nur selten habe ich erlebt, dass ein Pilot ein Flugzeug dermaßen sanft auf eine Piste, geschweige denn auf ein Eisfeld, absetzte. Ich bin beeindruckt.

Nun sind wir also auf Barneo, der Station, die von der Russischen Geografischen Gesellschaft jedes Jahr aufs Neue mitten auf dem Treibeis des Nordpolarmeers aufgebaut wird. Jeweils Ende März fliegen ein paar Piloten über das gefrorene Polarmeer und bestimmen einen Landeplatz auf der Eisfläche in der Nähe des Nordpols. Dann werden Domzelte, mehrere Küchen-, Ess- und Forschungszelte sowie ein Sanitätszelt und verschiedene Schlafzelte aufgebaut und die teuren Messgeräte installiert. In einiger Entfernung trotzen russische Arktis-Toi-Tois der bitteren Kälte. Ein paar hundert Meter von der Eispiste entfernt, dort, wo gerade unsere Antonow gelandet ist, stehen zwei russische Mi-8-Helikopter – große Mehrzweck- und Transporthubschrauber mit zwei Turbinentriebwerken und großen Heckladetoren. Zwischen Eispiste und Helikopterlandeplatz wehen Fahnen verschiedener Länder im Wind. Die ganze Zeltstadt, die zwischen Flugfeld und Helikopterlandeplatz aufgestellt ist, ist ja wie gesagt nur während weniger Wochen aktiv. Die gesamte Forschungsstation muss wieder abgebaut sein, bevor das Eis auseinanderbricht. Ein irrsinniger Kraft- und Energieaufwand, der mich sehr beeindruckt, aber auch einige Fragen aufwirft.

Während sich hinten die große Heckklappe wie ein riesiges Haifischmaul öffnet, steige ich vorn aus der Antonow. Gemeinsam entladen wir unsere Schlitten und gehen die paar Schritte vom Landeplatz zu der kleinen Zeltstadt hinüber, wo wir von Victor Serov, dem Basischef auf Barneo, mit einem warmen Essen willkommen geheißen werden. Victor ist Ingenieur. Er lebt für die Arktis. Genau wie sein Freund Victor Boyarsky, der Wissenschaftler. Meiner Meinung nach vereint niemand auf der Welt so viel Wissen über die Arktis wie diese beiden Männer. Über die Dimensionen von Barneo habe ich schon viel gelesen und gehört. Aber jetzt, wo ich selber hier stehe, weiß ich nicht genau, wie ich meine Gedanken dazu einordnen soll. Barneo hat sich in den vergangenen Jahren von einer Forschungsstation in einen Tourismusumschlagplatz verwandelt. Die nigelnagelneuen Zelte, die professionelle Abwicklung, der Komfort – all das scheint nicht zu den russischen Abenteurern zu passen, denen ich auf meinen Expeditionen im Himalaja begegnet bin. Diese schienen nach außen harte Kerle zu sein, doch in ihrem Innern schlugen sanfte Herzen. Meist hatten sie alte Ausrüstungen dabei und lebten sehr bescheiden. Hier aber, so nahe am Nordpol, empfängt uns russischer Luxus, der sogar den amerikanischen All-included-Expeditionsstil übertrifft.

Gesättigt verlassen wir wenig später das Esszelt, hieven mit vollen Bäuchen unsere Schlitten hinüber zum Helikopterlandeplatz, beladen die Mi-8 damit, setzen uns in die Kabine, stülpen den Pamir, den Gehörschutz, über unsere Ohren und warten gespannt auf den Start. Da Barneo mit neun Kilometern pro Tag vom 89. Längengrad südwestwärts vom Pol wegdriftet, wollen wir auf einen südöstlichen Längengrad gelangen, wo wir etwas weniger Negativströmung erwarten. Wir werden noch zur Genüge erfahren, wie frustrierend es ist, wenn einen das Treibeis nachts im Schlaf fast um die Hälfte der tagsüber zurückgelegten Strecke wieder südwärts zurücktransportiert. Das Gehen auf dem gefrorenen Polarmeer erfordert deshalb nicht nur sehr viel physische Ausdauer, sondern auch mentale Stärke. Erst jetzt wird mir richtig bewusst, was die Pioniere vor über hundert Jahren geleistet haben.

Die wahre Geschichte, wer den Nordpol zuerst erreicht hat, werden wir nie erfahren. Die beiden Amerikaner Frederick Cook und Robert Edwin Peary haben ihre Wahrheiten mit ins Grab genommen. Die heutigen Fakten stehen gegen Cook, der behauptete, der Erste gewesen zu sein. Aber auch gegen Peary, der dasselbe für sich in Anspruch nahm. Für Peary war es eine nationale Aufgabe, als erster Amerikaner auf dem Pol zu stehen. Es war sein Lebensziel, das er während 23 Jahren zu verwirklichen versuchte. Denn der Norweger Fridtjof Nansen, auf dessen Route ich auf meiner zweiten Etappe Grönland durchquerte, war ihm schon 1888 mit der ersten Grönland-Durchquerung zuvorgekommen und schnappte ihm diese Meisterleistung vor der Nase weg. Jetzt wollte Peary mit einem Sieg am Nordpol kontern. Zusammen mit seinem Untergebenen Matthew Henson und vier Inuits soll er am 6. April 1909 am Nordpol gestanden haben. So steht es zumindest in Pearys 1910 erschienenem Buch »Die Entdeckung des Nordpols«. Viele arktiserprobte Helden, darunter auch Reinhold Messner, der sich aber eher aufgrund seiner bergsteigerischen und weniger mit seinen polaren Expeditionen einen Namen gemacht hat, zweifeln Pearys Leistung an. Die Marschleistung von mehr als 45 Kilometern innerhalb von zwölf Stunden in so unwegsamem Gelände und mit derart schweren Schlitten sei praktisch unmöglich, so nicht nur die Meinung Messners. Wie auch immer – am 6. April 1909 schrieb Peary in sein Tagebuch: »The Pole at last!!! The prize of 3 centuries, my dream and ambition for 23 years. Mine at last. I cannot bring myself to realize it.« Zurück in Amerika, behauptete dann aber Frederick Cook, sein ehemaliger Expeditionsarzt, den Pol am 21. April 1908, also fast ein Jahr vor Peary, erreicht zu haben. Später wurde Cook als Lügner abgestempelt, musste Amerika verlassen, und Peary wurde damals im Wettrennen zum Nordpol zum Sieger erklärt. Seine wie Cooks Leistungen blieben aber umstritten. Erst sechzig Jahre später erreichten zwei Teams nachweislich den Nordpol auf dem Landweg – das eine mit Hunde-, das andere auf Motorschlitten.*

Die Geschichte wiederholt sich auch im Alpinismus. Bis heute fehlen einigen selbst deklarierten Leistungen die Beweismittel. Rolf, einer meiner langjährigen Bergsteigerkollegen, sagte es pragmatisch: »Fehlt für eine Pioniertat das Beweismaterial, soll sie aberkannt werden. Der Glaube gehört in den Bereich der Religionen, nicht in den Bereich der Leistungstaten.« Vor hundert Jahren einen Beweis zu erbringen, zum Beispiel denjenigen, dass man am Nordpol war, stelle ich mir schwierig vor. Heute ist es viel einfacher, einen Beleg mit nach Hause zu bringen. Es gibt eine GPS-Koordinate auf einer Outdoor-Uhr oder dem Navigationsgerät, ein Foto, das unverkennbar den Gipfel zeigt, oder eine Begleitperson, welche die Leistung bezeugen kann – vieles ist möglich. Nicht so am Nordpol. Er besteht aus driftendem Wasser, und markiere ich ihn heute mit einer Fahne, finde ich diese am nächsten Tag einen, drei oder dreißig Kilometer vom Pol entfernt wieder, je nachdem, wie stark die Strömung ist.

So oder so. Die ewige Frage, wer tatsächlich der erste Mensch am Nordpol war, rückt für mich in den Hintergrund. Alle Männer und Frauen, die sich hier seit über 300 Jahren versuchen, sind in meinen Augen Helden.

✦

»Was ist eigentlich der Nordpol respektive der Südpol?«, diese Frage, wird mir immer wieder gestellt. Die Antwort: Alle Längengradlinien kreuzen sich zweimal auf der Erde, einmal am

---

* Quelle: bujack.de

Nordpol und einmal am Südpol. Im Gegensatz zum Südpol, der sich auf einem 3000 Meter dick vergletscherten Boden befindet, liegt der Nordpol mitten im Arktischen Ozean. Das Wasser dort hat eine Tiefe von über 4000 Metern, die Eisschicht darüber ist nur ein paar Meter dick. Dennoch unternehmen Forscher, Abenteurer, Besessene und das Militär gigantische Anstrengungen, diesen Punkt zu erreichen, der im Grunde nur im menschlichen Geist existiert, da keine besonderen Merkmale, Monumente oder andere fassbare Naturphänomene diesen geografischen Extrempunkt definieren. »Wie sieht es am Nordpol aus?«, werde ich auch oft gefragt. Wer den geografischen Nordpol erreicht, sieht nichts als das, was er schon in dessen Umkreis zur Genüge gesehen hat: gefrorenes Meerwasser und Eis in seinen unterschiedlichsten Facetten, als schön homogen gefrorene Fläche oder als aufgetürmte, riesige Eisblöcke, die wie Mikadostäbe wild übereinandergeworfen sind.

Der Hubschrauber fliegt von 90 Grad östlicher Länge nach 130 Grad südöstlicher Länge. Der Flug dauert etwa zwanzig Minuten. Durch die Luke sehe ich hinunter auf das gefrorene Meer und entdecke mehrere Wasserspalten von furchterregender Breite und endloser Länge. Wenn sich Wasserspalten auf dem Weg zum Nordpol quer in den Weg legen, gibt es nur zwei Möglichkeiten, sie zu überwinden: schwimmend, in einem speziellen Trockenanzug, oder paddelnd. Dazu bindet man mit Reepschnüren zwei Schlitten zusammen und baut daraus eine Art Floß, als Paddel dienen Schneeschaufeln. Beide Prozedere sind gefährlich, denn fällt man ins Wasser oder ist der Trockenanzug undicht, kann man nur hoffen, dass man nicht allein, sondern in Begleitung eines Teams ist, das sofort und richtig reagiert. Das Dringendste ist, sich der nassen Kleidung sofort zu entledigen, trockene Unterwäsche anzuziehen und sich im vom Team unterdessen schnell aufgestellten Zelt in den Schlafsack zu legen. Der kleinste Fehler kann zur Überlebensübung werden und den Tod bedeuten.

Im Gegensatz zu früher ermöglichen heute Satellitentelefone und andere technische Hilfsmittel in der Regel rasche Hilfe, und GPS-Koordinaten erleichtern dem Piloten das Finden der in Not Geratenen. Die Pole sind entdeckt, die meisten Berge der Welt bestiegen, die Welt kartografiert. Trotzdem bleibt die Arktis die Arktis. Sie ist nicht für uns Menschen gemacht, zumindest nicht für Nicht-Inuits, also auch nicht für mich. Und doch habe ich mich entschieden, in sie und ihr pastellfarbenes Licht, das man nur in den polaren Regionen auf diese einmalige Weise sehen kann, einzutauchen. Ich habe mich entschieden, nur mit dem Zelt und wenigen Habseligkeiten in ihr unterwegs zu sein, mich ihrer Einsamkeit und Stille hinzugeben. In der Arktis erfahre ich, wie still Stille und wie beruhigend Ruhe sein kann.

Noch dröhnt aber die Turbine der Mi-8 über mir. Die Rotoren des Hubschraubers zerschneiden die kalte Luft. Aber bald schon landet der Pilot auf N88°59′22″, stellt die Rotoren auf Leerlauf, wartet, bis wir die Schlitten entladen haben, beschleunigt dann wieder auf 400 Umdrehungen pro Minute, und schon schwebt der Hubschrauber wieder davon, zurück nach Barneo. Winken, adieu und bis bald, wir sehen uns spätestens in zwei Wochen am Nordpol wieder. Hoffentlich!

Ich sehe Eis, so weit das Auge reicht, Eis in all seinen Facetten. Ich atme tief durch. Mit 27 Grad unter null ist es kalt, aber die

Temperaturen sollen noch weiter bis 35 Grad unter null abkühlen. Eine Kälte, die zwar gefährlich, aber ohne Wind einigermaßen gut auszuhalten ist. Wir machen uns gerade für unseren ersten gemeinsamen Tagesmarsch bereit, als ich realisiere, dass sich eines meiner Felle von meinem Ski ablöst. Wie kann das sein? Anscheinend schrumpften die Felle im überhitzten Lagerraum meiner Unterkunft in Longyearbyen, und der Leim trocknete dabei komplett aus. Dass ich das erst jetzt bemerke, ist alles andere als gut. Ich versuche, das Fell wieder anzukleben, doch der Leim versagt in der Kälte seinen Dienst. Dass das ausgerechnet mir passiert, die in dreißig Jahren nie Probleme mit den Fellen hatte, ärgert mich sehr. Mist! So sehr ich meine Kreativität walten lasse, es hilft alles nichts. Auch das kurze Fell, das ich als Reserve für den Notfall von daheim mitgenommen habe, kann ich nicht befestigen. Es ist schlicht zu kalt.

Mir bleibt nichts anderes übrig, als meine zwei Skier auf meinen Schlitten zu binden und zu Fuß zu gehen. Ein kräftezehrendes Vorhaben gleich zu Beginn der Tour. Zudem ist mein Schlitten relativ schwer beladen, denn ich habe einem Medienunternehmen versprochen, einen kurzen Dokumentarfilm über diese Etappe zu drehen. Deshalb nahm ich nicht meine eigene, kleine Amateurkamera mit, sondern eine aufwendige Filmausrüstung mit Stativen und Objektiven. Was ich zum jetzigen Zeitpunkt noch nicht weiß: Die Batterien werden der extremen Kälte nicht standhalten, sodass das Projekt letztendlich nicht zustande kommen kann. Natürlich wurde die Kamera samt Batterien zuvor in einer Kältekammer bis zu minus dreißig Grad getestet. Dass dort, im Gegensatz zu hier, alles perfekt funktionierte, bestätigt, dass Theorie und Praxis nicht immer beste Freunde sind.

Aber zurück zu meinem Fellproblem: Wenn wir am Abend das Camp aufschlagen, werde ich die Felle auf die Skier schrauben.

Ich überlege mir deshalb gut, mit wem ich das Zelt teilen werde. Mein Partner wird während meiner »Reparaturarbeiten« alle anstehenden Arbeiten wie Schnee vor den Zelteingang schaufeln, den Benzinkocher in Gang bringen, Schnee schmelzen, Wasser aufkochen und in die Thermoskannen abfüllen allein erledigen müssen, damit ich mich ganz dem Aufschrauben der Felle widmen kann. Von Philippe kann ich das nicht erwarten. Der Franzose scheint jetzt schon völlig überfordert. Später macht er uns klar, dass er sein Zelt mit dem Belgier Luc teilen will, da dieser seine Sprache spreche. Marin hat schon gesagt, dass sie mit Dixie ins Zelt will. Bleibt für mich also Pavel übrig. Ihn zu fragen, ob er das übliche arktische Nachtritual allein übernehmen könnte, schaffe ich dann aber doch nicht. So helfe ich ihm, den Schnee für das Nachtessen aufzukochen, bevor ich das Fell auf den Skiern fixiere. Geschafft, jetzt passt alles wunderbar. Ich bin erleichtert.

Kaum haben wir uns hingelegt, beginnt Pavel zu schnarchen. Das darf doch nicht wahr sein!

»Pavel, you are snoring!«

»What are you saying?«, fragt Pavel verschlafen.

»You are snoring!«, sage ich. »Pavel, you are snoring!«

»What are you saying?«

»You are snoring!«

Er schnarcht weiter. In jeder Lage. Auf dem Rücken. Auf dem Bauch. Auf der Seite.

»Pavel, Pavel, please don't snore!«

Keine Antwort.

»Pavel, Pavel, you are snoring!«

Keine Reaktion.

Alle fünfzehn Minuten unternehme ich einen neuen Versuch. Ohne Erfolg.

Als Pavel am Morgen aufwacht – ich selber habe vielleicht eine halbe Stunde geschlafen –, fragt er mich: »Evelyne, what does this word mean?«

»Which word?«

»The one you've always repeated last night.«

»Snoring?«

Er nickt. Als ich ihm das Wort erkläre, lacht er laut. Erst später, als wir uns besser kennen, erzählt er mir, er habe gedacht, mir sei kalt und ich würde ihn bitten, mich zu wärmen. Nun war es an mir, laut zu lachen. Eine Annäherung war wirklich das Letzte, was ich von ihm wollte. Alles, was ich wollte, war Schlaf!

Nach dieser ersten Nacht ist mir klar, dass ich das Zelt nicht mehr mit Pavel teilen werde. Ich bin zum Glück nicht die Einzige, die eine Änderung will. Am Abend bin ich deshalb mit Dixie im Zelt; Marin teilt das Zelt mit Luc und Pavel mit Philippe. Die zwei können sich zwar aufgrund unterschiedlicher Sprachkenntnisse – Philippe spricht leider kein Englisch – nicht unterhalten, aber so sind wenigstens die Schnarcher unter sich. Pavel macht relativ unmissverständlich klar, dass er seinen Zeltpartner nicht mag und die weiteren Nächte nicht mit ihm verbringen will. Das Problem löst sich dann aber ziemlich schnell ganz von allein.

Dixie, der schon einige große Expeditionen geleitet hat, riet Luc vor dem Aufbruch, zum Schutz der Finger Gummihandschuhe über die Hände zu ziehen. Erst dann solle er in die Handschuhe und Überhandschuhe schlüpfen. Dadurch würden die Außenhandschuhe trocken bleiben und er könne die zu Eis kondensierte Feuchtigkeit, die im Gummihandschuh in Form von Eisstückchen zurückbleiben, am Ende des Tages einfach ausschütteln. Ich höre Dixies Ratschlag, bin aber äußerst skeptisch gegenüber dieser Methode.

Jetzt, nach nur zwei Tagen, klagt Luc über Gefühllosigkeit an Daumen und Fingern. Am Abend, nachdem wir unser Camp aufgestellt haben, stellt sich heraus, dass sich diese bereits violettschwarz gefärbt haben, das Gewebe also bereits im dritten Erfrierungsgrad beschädigt ist. Als ich Lucs Finger untersuche, ist mir klar, dass er die Expedition abbrechen muss, wenn er seine Fingerkuppen und Daumen nicht verlieren will. Ich sage ihm, dass der Nordpol auch in Zukunft noch hier sein wird, ganz im Gegensatz zu seinen Fingern, wenn er sich nicht unverzüglich in ärztliche Behandlung begibt. Doch Luc ist mental noch nicht in der Lage, eine Entscheidung zu treffen. Er sagt, er wolle eine Nacht darüber schlafen und sich morgen entscheiden. Ich kann ihm das nachfühlen.

✦

Die Nacht ist ruhig, und ich falle in einen tiefen Schlaf. Wie so häufig in der Arktis oder der Antarktis träume ich intensiv und im Gegensatz zu daheim auch oft von meinen verstorbenen Eltern. Besonders damals, auf meinem Weg zum Südpol, kam mich mein Vater oft in meinen Träumen besuchen. Meistens war er dann ein junger, gesunder Mann. Aber selbst in meinen Träumen zeigte er sich in seiner Strenge, mit der er mich und meine Schwester erzogen hat. Mein Vater hatte viel Galgenhumor und war grundehrlich, manchmal bis zur Peinlichkeit. Kam er nach der Arbeit mürrisch nach Hause, setzte er sich vor den Fernseher und zappte mit der Fernbedienung von Programm zu Programm, so lange, bis es uns allen zu viel wurde und wir uns in unsere Zimmer zurückzogen. Meine Mutter konnte mit der gewissen Gefühlsdistanz, die nun einmal Teil des Wesens meines Vaters war, gut umgehen. Sie ließ ihn mehrheitlich sein, wie er war.

Hatte er seine Launen, nahm sie es nicht allzu persönlich. Meine Eltern stritten sich selten, und wenn, dann wegen Kleinigkeiten oder Geld. Mein Vater war Arbeiter und wurde mit 58 Jahren entlassen. Es war eine schwierige Zeit für ihn, die er aber vorbildlich meisterte. Er half hier und dort aus und übernahm in dem Dorf am See, in dem ich aufgewachsen war, schließlich die Verantwortung für den Hafen und blieb bis zu seiner Pensionierung Hafenmeister.

Die Liebe zur Natur habe ich ihm und meiner Mutter zu verdanken, die uns Kinder jedes Wochenende in die Berge mitnahmen, ob wir wollten oder nicht. Für die meist unbekümmerte Kindheit bin ich meinen Eltern über ihren Tod hinaus dankbar. Nach dem Tod meiner Mutter vor ein paar Monaten kam auch sie mich einmal in einem Traum besuchen. Wir umarmten uns innig, und in dieser Umarmung floss so viel Liebe, wie ich sie erst ganz selten in meinem Leben gespürt habe. Es war, als ob sie mir mit dieser Umarmung sagen wollte: »Adieu, machs gut, wir sehen uns später.«

Um sechs Uhr morgens holt mich der Wecker aus meinem Nirwana. Ich habe so tief geschlafen, dass es sich wie eine Narkose anfühlte. Während ich noch halb benommen zwischen Nacht und Tag schwanke, ziehe ich den Seidenschlafsack unter die Achseln, löse den Gummizug der Dampfsperrenhülle und öffne den Reißverschluss des Daunenschlafsacks. Erst jetzt schäle ich meinen Oberkörper aus der synthetischen Schlafhülle. Mit den Beinen bis zum Bauchnabel noch im Schlafsack, öffne ich den Reißverschluss am Zelteingang, greife mir den gefrorenen Kocher, pumpe Druck in die Benzinflasche, öffne nur ganz kurz das

Ventil, um ein wenig Benzin auf den Kocherboden tröpfeln zu lassen, nehme meinen Feueranzünder, wärme ihn vor und zünde das ausgelaufene Benzin damit an. Dieser Moment ist heikel, denn die Flammen könnten das Zelt abfackeln. Aber nur wer den Brenner mit dieser Technik vorwärmt, bringt ihn auch in Gang. In der Stille der Arktis lärmt der Benzinkocher wie die Diesellokomotive der Canadian Pacific Railway.

Ich schütte das Wasser, das ich am Vorabend in die Thermosflaschen abgefüllt habe, in die Pfanne und nehme von den am Vortag zurechtgeschaufelten und im Vorzelt deponierten Schneestücken ein paar Brocken, um sie behutsam in die Pfanne zu legen. Mittlerweile ist meine Verdauung angeregt. Das große Geschäft ist für mich immer der schlimmste Moment am frühen Morgen. War ich eben noch in meiner sanften Traumwelt, in meinem warmen Schlafsack, auf meiner weichen Matte, schreit der Darm nach Entleerung. Jetzt! Sofort! Also raus aus dem Schlafsack, die Daunenhose über die andere Hose und die Daunenjacke über die andere Jacke ziehen, Sturmmütze aufsetzen, Handschuhe anziehen, Innenschuhe aus dem Fußteil des Schlafsacks fischen, wo sie nachts gelagert werden, damit sie morgens vorgewärmt sind, Innenschuhe anziehen, Außenschuhe anziehen, Außenreißverschluss des Zeltes öffnen, vorsichtig aus dem Zelt kriechen, sodass ich nicht an den Zeltstangen hängen bleibe und das ganze Zelt zum Wackeln bringe, weil sonst die Atemluft, die sich am Innenzelt als Raureif an den Zeltwänden kondensiert hat, auf den Schlafsack und alles andere rieselt, das im Zelt herumliegt.

Das Gute an meiner kompromisslosen Verdauung ist, dass sie mir zuweilen die schönsten Momente respektive Ausblicke gewährt. So wie heute: Die Sonne steigt langsam am Horizont auf und färbt die kalte Luft in ein pastellfarbenes Rosa-Orange-Blau-

Violett ein. Also schnell die Fotokamera hervornehmen und zwei-, dreimal abdrücken, bevor die Batterie den Geist aufgibt, weil ich wieder einmal vergessen habe, sie nachts mit in den Schlafsack zu nehmen, um sie warm zu halten.

Schnell zurück ins Zelt und die klammen Finger und den eiskalten Po wärmen. Dazu steige ich wieder in den Schlafsack und fülle dann das inzwischen kochende Wasser in die Thermosflaschen ab. All das muss zügig vorangehen, denn bei dieser Kälte steigt so viel Dampf auf, dass alles sofort feucht und schmuddelig wird. Also Schneestücke in die Pfanne legen, Deckel drauf, Finger wärmen. Dann die Essbox hervorkramen, in der ich die Nüsse, Trockenfrüchte und meinen Speck aufbewahre und die ich immer ganz vorn im Zelt platziere. Erst nachdem alles erledigt ist, nehme ich meinen Thermosbecher, schütte Schokoladenpulver hinein und fülle ihn mit Wasser. Gibt es etwas Besseres als den ersten Schluck heiße Schokolade am frühen Morgen in der Arktis?

Auch Dixie ist inzwischen wach. Er startet sein GPS-Gerät, um eine Standortbestimmung zu machen.

»600 Meter südwestlich vom Vorabend«, sage ich. Ich trage mein GPS immer auf mir und prüfe am Morgen nach dem Aufwachen jeweils zuerst unseren aktuellen Standort. Die Drift ist immer noch negativ. Wir wurden aber nachts nur 600 Meter in südwestliche Richtung abgetrieben. Dixie bestätigt.

Jetzt ruft er etwas auf Belgisch zu Lucs Zelt hinüber. Auch wenn ich deren Sprache nicht spreche, interpretiere ich Lucs Antwort so, dass er sich entschieden hat. Er wird seine Expedition beenden. Sofort startet Dixie sein Satlitentelefon und setzt sich mit Victor Serov in Verbindung, um den Evakuationsflug zu organisieren. Der Basismanager von Barneo ist nicht wirklich erfreut über diese Neuigkeit. Was nachvollziehbar ist, denn ich habe ausgerechnet, dass so ein Rücktransport das Helikopterunternehmen mindestens 10 000 Euro kostet. Dagegen sind die rund 400 Euro, die für ein derartiges Szenario im Preis für den Hin- und Rückflug – quasi als Versicherung – inbegriffen sind, für die Teilnehmer der Expedition ein Klacks. Dixie solle sich um zehn Uhr nochmals melden, sagt Victor, denn es herrsche viel Betrieb auf der Forschungsstation, die Piloten seien müde und würden noch schlafen.

Warten ist nicht wirklich meine Stärke. Ich möchte die Zeit sinnvoll nutzen, rühre mir deshalb ein Müesli an, verwöhne mich mit einer weiteren heißen Schokolade, wechsle ein paar Worte mit Dixie, stopfe meinen Schlafsack in die wasserfeste Hülle, lasse die Luft aus der Matte und werfe Schlafsack, Matte und den wasserdichten Seesack mit den Zusatzkleidern aus dem Zelt. Danach belade ich meinen Schlitten und gehe rüber zu Lucs Zelt, um ihn in seiner Entscheidung zu bestärken. Er versucht, die Situation mit Lockerheit zu überspielen. Aber wir alle wissen, wie frustriert er ist. Kein Wunder.

Ein paar Stunden später durchdringt das Dröhnen der Rotorblätter die Stille. Die Mi-8 setzt etwa 300 Meter von unseren Zelten entfernt auf dem Eis auf. Wir helfen Luc, seinen Schlitten in den Hubschrauber zu hieven, und verabschieden uns mit einer kurzen Umarmung. Nachdem wir unsere Zelte abgebaut haben, machen wir uns wortlos auf den Weg, immer weiter Richtung Norden. Lucs Evakuierung hebt die Stimmung im Team nicht gerade an. Inzwischen ist es elf Uhr. Trotz dem späten Aufbruch marschieren wir noch sechs Stunden. Inklusive Pausen sind wir acht Stunden unterwegs, bevor wir erneut das Camp aufschlagen.

Heute Abend schläft Schnarcher Pavel allein, Dixie teilt das Zelt mit Philippe, und Marin und ich gönnen uns nochmals einen Frauenabend im dritten Zelt. Wir entschließen uns für Arbeitsteilung. Weil Marin ein Morgenmuffel ist, wird sie abends das Wasser zubereiten und ich dafür am Morgen den Kocher in Gang setzen. Während wir versuchen, es uns mit unseren ausgekühlten Körpern bei minus 35 Grad im Zelt einigermaßen gemütlich zu machen, erzählt mir Marin ihre Geschichte. Sie ist ein Einzelkind, ihre Eltern haben sich getrennt, als sie noch klein war. Die Mutter musste arbeiten und hatte deshalb wenig Zeit für sie, der Vater fand bald eine neue Frau und nahm sich ebenfalls kaum Zeit für das aufgeweckte und interessierte Mädchen, das andauernd Fragen stellte. Mit sechzehn Jahren war Marin mehr oder weniger auf sich allein gestellt. Für ihr Projekt, den »Grand Slam«, suchte sie Sponsoren und fand einen Geschäftsmann, der sie unterstützte. Später, als Marin in Japan bereits etwas bekannter war, nahmen sie diverse Firmen unter Vertrag. Sie ist sehr intelligent – und wohlerzogen. Inzwischen finanziert sie ihren Vater, der mit seiner Partnerin ein kostspieliges Leben führt und darauf besteht, das Geld von Marin mit zu verwalten.

Ich rühre mein Abendmenü an. Es dauert nur ein paar Minuten, dann ist das gefriergetrocknete Lammfleisch mit Kartoffelstock und Erbsen in der Tüte aufgeweicht. Das Essen schmeckt gut, vor allem, weil ich richtig hungrig bin. Nach dem Nachtessen krame ich Zahnbürste und Zahnpasta aus meiner Toilettentasche und entdecke dabei das kleine Fläschchen, das ich vor meiner Abreise ebenfalls in die Tasche gestopft hatte. Ich hatte es daheim mit Weihwasser gefüllt, so wie es meine Mutter all die Jahre immer für mich getan hat. In dem Moment, als ich das Fläschchen mit meinen Händen umklammere wie ein Baby den Daumen seiner Mutter, beginnt Marin leise das Ave-Maria zu singen.

»Warum singst du dieses Lied?«, frage ich sie.

»Ich weiß es nicht, es ist mir einfach gerade danach«, antwortet sie und singt leise weiter.

Ergriffen erzähle ich ihr von dem Ritual, das meine Mutter und ich pflegten. Davon, dass sie mir immer ein Fläschchen Weihwasser mitgab auf meine Expeditionen; zum Segen und damit alles gut gehen möge. Ich erzähle ihr auch, dass die Expedition jedes Mal scheiterte, wenn das Weihwasser entwich, weil entweder das Fläschchen, in das meine Mutter das gesegnete Wasser abgefüllt hatte, undicht war oder weil das Fläschchen beschädigt wurde oder weil ich es gar verlor.

»Ist das Fläschchen jetzt beschädigt?«, fragt Marin.

»Nein, das Weihwasser ist gefroren und deshalb mehr als sicher darin aufbewahrt. Gott sei Dank.«

Es ist ein schöner Moment zwischen uns. Zum ersten Mal verspüren wir so etwas wie gegenseitige Nähe. Marin sagte mir später, dieses Erlebnis habe mich für sie menschlich gemacht, ich sei ihr beim Kennenlernen sehr ernsthaft vorgekommen. Dass ich nach den ersten paar gemeinsamen Tagen einen positiveren Eindruck hinterlasse als am Anfang der Etappe, freut mich.

✦

Am nächsten Tag geht Philippe noch langsamer als sonst. Am Vortag hatte ich zufällig beobachtet, wie er etwas aus seinem Schlitten nahm und sich in den Mund steckte. Kurz darauf machten wir eine kurze Pause, um Nüsse, Dörrfrüchte oder Schokolade zu essen und etwas zu trinken. Philippe hatte weder Hunger noch Durst. Stattdessen drängelte er sich nach der Pause plötzlich vor. Ausgerechnet er, der stets der Langsamste war. Auf einmal war er selbstsicher und entschieden, hatte einen kompakteren Schritt, hielt mit unserem Tempo mit und war so munter wie nie zuvor. Ich wollte mich nicht weiter in meine Gedanken darüber vertiefen, was er, der Arzt, wohl eingenommen haben könnte. Das ist auch nicht notwendig. Denn was immer es war, heute ist die Wirkung verflogen. Philippe ist völlig ausgelaugt. Aber auch Dixie ist müde und gereizt, weil Philippe anscheinend die ganze Nacht schnarchte. Trotzdem nimmt er ihm den Schlitten ab, hängt ihn an seinen eigenen und zieht nun beide.

Doch Dixie hat sich überschätzt. Ohne Schlaf und mit zwei Schlitten im Schlepptau ist nun auch sein Schritt sehr langsam. Bei jeder Unebenheit auf dem Eis stemmt er sich wie ein Bierbrauerpferd in die Zuggurte und gibt nicht auf, bis die zwei Schlitten hinter ihm endlich über die Erhebungen gleiten. Ich biete meine Hilfe an. Dixie und ich einigen uns darauf, Philippes Schlitten abwechslungsweise je zehn Minuten zu ziehen. Nach zwei Stunden geben wir Philippe seinen Schlitten zurück, doch erneut seiner Last ausgesetzt, knickt er endgültig ein. Seine Kraft ist aufgebraucht. Da helfen auch keine Zusatzstoffe mehr. Wir bauen ein Zelt auf, setzen uns zu viert hinein und legen Philippe auf eine Isolationsmatte. Uns allen ist klar: Er muss evakuiert werden. Wieder ist es Victor Serov, der Dixies Anruf vom Satellitentelefon entgegennimmt. Wie ich später erfahre, ist er sehr verärgert. Schon wieder muss ein Teilnehmer aus Dixies Gruppe evakuiert werden. Dies zum zweiten Mal innerhalb von nur fünf Tagen. Vier Stunden später ist Philippe bereits im Helikopter auf dem Weg zurück nach Barneo und anderntags via Spitzbergen auf dem Weg zurück nach Paris.

Ich schüttle nur den Kopf. Was für mich selbstverständlich ist, scheint an manchen Männern im mittleren Alter völlig vorbeigegangen zu sein. Ich meine damit: von Grund auf etwas lernen; sich Schritt für Schritt an eine Aufgabe herantasten; sich gewissenhaft vorbereiten; Verantwortung für sein Tun übernehmen; die eigenen körperlichen Leistungsgrenzen, die körperlichen Reaktionen auf Dauerbelastungen, die mentalen Stärken und Schwächen kennen lernen; die Natur respektieren; seriös trainieren. Heute glauben besonders diejenigen, die erfolgreich im Berufsleben stehen, sich alles mit Geld kaufen zu können. Sie kaufen sich den Everest, sie kaufen sich den Südpol, sie kaufen sich den Nordpol und andere Expeditionen, die ihnen reizvoll erscheinen. Sie glauben, alles zu können und alles zu wissen. Das mag für ihre Geschäftstätigkeiten zutreffen, aber nicht für Expeditionen dieser Art.

Ja, ich bin wütend. Wortlos helfe ich, das Zelt abzubauen, und sage Dixie dann, dass ich heute navigieren werde. So kann ich meine Gedanken in eine andere Richtung lenken. Ich navigiere oft und gern. Es hält meinen Geist wach, wenn ich durch die endlos weißen Flächen führen kann, aufgetürmtes Eis umgehen und zwischen den wild herumliegenden Eisblöcken eine begehbare Route finden muss, weil sich die Schlitten sonst in den Eisblöcken verkeilen und das Vorwärtskommen mühsam und gefährlich wird. Ein Fuß knickt schnell um und ist verletzt. Die Richtung ist klar: Trotz dem Zickzack um die Eistürme muss das Heading stets nach Norden führen.

Navigation

Die Navigationsberechnungen sind nicht ganz einfach, und sie einem Laien zu erklären, kann eigentlich nur ein Versuch sein: Obwohl wir auf dem 130. östlichen Längengrad nach Norden wandern, haben wir unsere Uhren auf norwegischer Zeit belassen. Dies, um im selben Tagesrhythmus wie die Russen zu sein, die auf der Forschungsstation Barneo aufgrund der Flüge von Longyearbyen nach Barneo auf der Uhrzeit von Spitzbergen bleiben. Norwegen befindet sich auf der gleichen Zeitachse wie Spitzbergen und Spitzbergen auf der gleichen Zeitachse wie die Schweiz, also der koordinierten Weltzeit – UTC – plus zwei Stunden im Sommer und plus eine Stunde im Winter. Der Nullmeridian von Norden nach Süden ist nach Greenwich festgelegt worden, einem Stadtteil in London. Im Mittel überquert die Sonne um zwölf Uhr Greenwich Mean Time – GMT – den Mittagskreis von Greenwich und hat dabei annähernd ihren höchsten Stand am Himmel erreicht, was »die obere Kulmination« genannt wird. Aufgrund der ungleichmäßigen Geschwindigkeit der Erde auf ihrer elliptischen Umlaufbahn und der Neigung der Erdachse weicht der tatsächliche Mittagsdurchgang um bis zu sechzehn Minuten davon ab, was für die Navigation am Nordpol aber vernachlässigbar ist. Wenn wir nun aber die Uhren auf der Zeitzone von Spitzbergen belassen, das sich auf dem 20. östlichen Längengrad befindet, wir aber auf dem 130. östlichen Längengrad nach Norden gehen, weicht die Local Time, also die tatsächliche Uhrzeit, rund acht Stunden und vierzig Minuten von der UTC ab, da die Sonne pro Stunde fünfzehn Grad wandert. Unsere Uhren hier in der Arktis laufen aber nicht nach UTC, weil wir sie auf Schweizer-Norweger-Spitzbergen-Zeit belassen haben. Weil diese während der Sommerzeit von der UTC plus zwei Stunden abweicht, beträgt der Unterschied zur lokalen Uhrzeit auf Spitzbergen nur noch sechs Stunden und vierzig Minuten. Will ich also den Winkel meiner Marschrichtung nach Norden anhand des Sonnenstandes auf dem 130. östlichen Längengrad ausrechnen, dann gibt das letztendlich eine Korrektur von plus fünfzehn Grad, multipliziert mit sechs Stunden vierzig

Minuten, also rund plus hundert Grad. Wenn die Sonne um zwölf Uhr mittags auf dem 130. östlichen Längengrad direkt im Süden steht – und mein Schatten mich direkt nach Norden führen würde – zeigt meine Uhr jetzt 5.20 Uhr. Das ist die Zeit, um die ich meine Nase nochmals in die Daunenhülle stecke und froh bin, noch nicht aus dem wohlig warmen Schlafsack kriechen zu müssen.

Wenn ich dann endlich um sechs Uhr das morgendliche Ritual erledigt und das Camp abgebaut habe, um nach Spitzbergen-Zeit Punkt neun Uhr meinen Marschtag zu starten, ist die Sonne seit ihrer lokalen Mittagsstunde bereits drei Stunden und vierzig Minuten weitergewandert. Das heißt für mich, wenn ich um neun Uhr starte, ist mein Schatten drei Stunden vierzig Minuten zur Rechten meiner Marschrichtung gewandert, also umgerechnet 55 Grad. Jede Stunde wandert der Winkel um fünfzehn Grad, und sobald der Schatten um ungefähr elf Uhr mittags rechts hinter mich und aus meinem Blickfeld gerät, navigiere ich einfach mit der Sonne weiter, die jetzt langsam links im Neunzig-Grad-Winkel zu meiner Marschrichtung in mein Blickfeld kommt.

Natürlich wäre es viel einfacher gewesen, auf meiner Uhr die lokale Uhrzeit des 130. östlichen Längengrades einzustellen. Dies würde mir die tägliche Rechnerei ersparen, denn die Sonne wäre ganz simpel am Morgen um sechs Uhr neunzig Grad zu meiner Rechten, am Mittag wäre mein Schatten direkt vor mir, und am Abend um sechs Uhr wäre die Sonne neunzig Grad zu meiner Linken. Ich habe aber nur eine Uhr bei mir. Würde ich die Uhrzeit nach dem Längengrad einstellen, auf dem ich mich befinde, gäbe dies ein Durcheinander mit allen anderen Teammitgliedern, weil diese ihre Uhrzeit nach der Zeit von Spitzbergen gerichtet haben.

Rechnen ist nicht meine Stärke, die Navigation hingegen schon. Ich begeistere mich dafür. Ist der Himmel bedeckt, arbeite ich mit dem Winkel des Windes zur Marschrichtung. Sind die Winde variabel, funktioniert dies aber schlecht. Wenn man bei Whiteout nichts sieht und alles milchig, diffus und bedeckt ist, navigiere ich mit meinem Kompass. Dazu stelle ich in den Einstellungen meines Navigationsgeräts den Navigationsreferenzpunkt auf magnetisch Nord. Wenn ich nun meinem GPS befehle, mich nach neunzig Grad Nord, zum geografischen Nordpol zu navigieren, berechnet es automatisch die Deklination, also die Abweichung vom magnetischen zum geografischen Nordpol. Der magnetische Nordpol wandert nach seinen eigenen Gesetzen und verschiebt sich von Jahr zu Jahr.

Jetzt zeigt mir das GPS das genaue Kompass-Heading. Ich schalte das Gerät aus, um Batterien zu sparen, und navigiere mit einem für nördliche und südliche Hemisphären tauglichen Kompass, der die magnetischen Ausschläge so nahe am Pol abdämpft und wegen der starken magnetischen Einwirkungen nicht hin- und herspringt.

Unsere Zeitverschiebung von sechs Stunden und vierzig Minuten zur lokalen Uhrzeit hat einen kleinen Vorteil: Wir schlafen tagsüber und wandern nachts. Obwohl die Sonne vom 21. März bis 23. September nahe am Nordpol nicht untergeht, wandert sie im April doch in verschiedenen Winkeln zur Erdoberfläche. Dass wir am Tag schlafen und nachts wandern, hat einen simplen Grund: Die Sonne scheint jetzt 24 Stunden am Tag. Hat sie aber ihren höchsten Stand am Himmel erreicht, wärmt sie das Zelt ein kleines bisschen mehr auf. Wir schlafen deshalb, wenn es etwas wärmer ist, und bewegen uns während der kühleren Nachtstunden.

Bärenspuren

Der Wind hat nachgelassen, die Temperaturen liegen bei kalten 35 Grad unter null. Wir sind seit sechs Tagen unterwegs, als ich ungewöhnlich große Abdrücke im Schnee entdecke. »Polar bear tracks!«, rufe ich der Gruppe zu. Eisbärenspuren! Als ich mich vor eineinhalb Monaten in Longyearbyen auf die Spitzbergen-Etappe vorbereitete und die Bewilligung beim Gouverneur abholte, scherzte ich mit der Sekretärin und sagte, dass ich wohl der einzige Mensch auf Spitzbergen sei, der weder einen Eisbären noch seine Spuren sehen wolle. Damals lachten wir beide darüber. Jetzt, Wochen später, stehe ich tatsächlich vor diesen eindrücklichen Bärenspuren. Ich bin gleichzeitig verblüfft und erfreut. Zu wissen, dass genau hier vor ein paar Stunden oder Minuten Eisbären herumwanderten, versetzt mich in Erstaunen.

Eisbären leben normalerweise an der Ostküste Spitzbergens, in Grönland, Kanada und im Franz-Josef-Land, einer Inselgruppe ganz im Norden Russlands. Auf Spitzbergen allein leben um die 3500 Eisbären. Aber dieses Jahr wurden an der Ostküste, wo sie normalerweise überwintern, kaum Bären gesichtet, wie mir Polizei, Tour-Guides und Wissenschaftler berichteten. Uns trennen jetzt nur noch etwa vierzig Kilometer von unserem Ziel, dem Nordpol. So hoch im Norden erwartet man eigentlich nicht, noch auf Eisbären zu stoßen. Doch nun sehen wir es mit eigenen

Augen – es müssen zwei Eisbären hier durchgegangen sein. Den Spuren nach sind sie im Zickzack hin und her gewandert. Wir schauen uns um, fotografieren, versuchen, die Fährte zu lesen und herauszufinden, in welche Richtung die Bären gegangen sind. Sie müssen südöstlich abgezogen sein, also in unsere Gegenrichtung. Wir sind erleichtert.

An diesem Abend hängen wir zwei Extrastunden an und wandern bis fast um 21 Uhr, bevor wir das Camp aufstellen. Dixie schnürt, wie jeden Abend, eine Reepschnur als Bärenschutz um unser Camp und befestigt diese an Stöcken und Skiern. Vor unserem Aufbruch in Spitzbergen bot ich ihm meinen professionellen Bärenschutzzaun an, aber er sagte nur, wir bräuchten ihn nicht. »So hoch im Norden ist die Chance sehr klein, auf Bären zu stoßen«, sagte er.

Die Nacht war kurz. Ich starte den Kocher um sechs Uhr und fülle die Pfannen mit Schnee und warmem Wasser aus der Thermosflasche. Darauf folgt mein Arktis-Morgenritual: Aus dem Innenschlafsack, der Dampfsperre des Schlafsacks und der Außenhülle schälen, großes Geschäft erledigen, zurück in den Schlafsack schlüpfen, heißes Wasser abfüllen, Marin wecken, Müesli anrühren, Müesli essen, heiße Schokolade anrühren, heiße Schokolade trinken, eine zweite heiße Schokolade anrühren und trinken. Aus dem Schlafsack schälen, alles zusammenpacken, Schutzkleidung überziehen, erste Schicht dicke Wollsocken, zweite Schicht dicke Wollsocken, Filz-Innenschuh und Polarüberschuhe anziehen. Dann Mütze und Schutzmaske anziehen, Kapuze über Mütze schieben, Skibrille darüberziehen. Wollhandschuhe anziehen, Schutzhülle darüberstülpen, dicke Handschuhe vorn zwischen Körper und Jacke stopfen, damit ich sie mit einem Handgriff zur Stelle habe. Alle Seesäcke aus dem Zelt werfen, Zelt abbauen, Schlitten packen, Zelt darüberlegen,

Schlitten zusammenbinden, ganz vorn offen lassen. Kamera bereit machen, Batterien in die Hosentasche stecken, Skier bereitstellen, Zuggurte festzurren.

Warten.

Pavel ist nicht bereit. Marin ist nicht bereit.

Warten.

Pavel scheint bereit zu sein. Marin ist immer noch nicht bereit.

Warten.

Dixie macht Witze. Ich bin morgens nicht für Witze aufgelegt. Will laufen. Schlitten ziehen. Marin bereit? Marin ist inzwischen auch bereit. Nun hat Pavel Probleme mit seiner Bindung.

Warten.

Dann geht es los: Also Daunenparka ausziehen, vorn in den Schlitten legen, Thermosflaschen in die Daunenjacke packen. Schlitten vorn zubinden. Karabiner an der Zuggurte befestigen. Kameragurte über den Kopf ziehen. Überzughandschuhe anziehen. Stöcke in die Hände nehmen. Hände in die Schlaufen fahren. Schnee von den Schuhen klopfen. In die Bindung schlüpfen, Bindung schließen. Loslaufen, endlich.

Heute ist ein guter Tag. 35 Grad unter null, wenig Wind. Das Gelände verspricht für die nächsten Kilometer keine großen Eisblöcke. Wir alle vier sind motiviert, gesund und kräftig. Wir können Gas geben. Endlich. Endlich sind wir ein Team. Eine Einheit. Eine Gruppe mit einer ähnlichen Leistungsbereitschaft, einem ähnlichen Leistungswillen und einer guten Moral. Mindestens für heute. Denn morgen sieht alles schon wieder anders aus.

Pavel mag es nicht, wenn er nicht hinter dem Navigator gehen kann, also entweder direkt hinter Dixie oder mir. Ich staune, als er mir anvertraut, er habe Angst davor, zurückgelassen zu werden. Zuerst lache ich laut. Dann versichere ich ihm, dass wir ihn niemals allein zurücklassen würden. Aber Pavel bleibt dabei. Er habe Angst, sagt er. Punkt. Als ich ihn frage, woher dieses Gefühl komme, zuckt er nur mit den Schultern und schenkt mir ein verlegenes Lächeln. Meine Expeditionen, bei denen ich häufig allein unterwegs bin, sind wichtiger Bestandteil meiner Business-Referate. Oft lerne ich im Anschluss an einen Vortrag Unternehmer kennen, die beruflich zwar immense Verantwortung übernehmen, mir aber beim Apéro gestehen, im Privaten große Angst vor dem Alleinsein zu haben. Auf meine Frage, wie er es anstelle, keine Zeit mit sich selber verbringen zu müssen, antwortete mir ein ehemaliger CEO einer Schweizer Bank, er habe immer darauf geachtet, die Lücken in seiner Agenda mit irgendwelchen Terminen aufzufüllen. Ich stelle mir ein solches Leben extrem anstrengend vor.

Pavels Verhalten ist für mich nicht nachvollziehbar. Trotzdem entwickle ich ein gewisses Verständnis für ihn. Vor mir steht ein rund fünfzigjähriger, sportlicher, starker und höchst erfolgreicher Mann, der die Verantwortung für zahlreiche Unternehmen trägt. Aber hier, in der Arktis, gerät er völlig aus dem Gleichgewicht, sobald er sich nicht direkt hinter dem Navigator einreihen kann. Selbst als ich ihn ermutige, die Navigation zu lernen, erkenne ich in seinen Augen Panik, während er das Angebot dankend ablehnt. Diese Angst gehört definitiv nicht zu einem Mann mit seiner Lebenserfahrung, sondern zu einem kleinen Jungen, der in seiner Kindheit ein Erlebnis gehabt haben muss, das sich tief in seinem Unterbewusstsein als Trauma abgelegt und bis heute dort versteckt hat. Aufgrund dieser mir unbekannten Thematik erscheint es mir manchmal so, als drücke man bei ihm auf einen roten Knopf, worauf sich Pavel wie ein in die Enge getriebenes wildes Tier verhält, das zu allem bereit ist. Er wird dann egoistisch und dominant, kann aber die in ihm aufsteigende Wut unter Kontrolle halten. Selten habe ich einen Menschen kennen gelernt, dessen Persönlichkeit sich aufgrund vermeintlicher Kleinigkeiten derart schnell verändern kann. Ich lasse Pavel deshalb immer den Vorrang, sobald ich nicht an der Spitze navigiere. Und so mache ich es auch mit Marin. Wenn es sich für sie und Pavel besser anfühlt, zwischen Dixie und mir eingebettet zu sein, soll es mir recht sein. Ich nutze dann jeweils die Gelegenheit, um am Ende der Kolonne ein paar schöne Fotos zu schießen.

Mit Philippe und Luc, die mit dem Hubschrauber evakuiert werden mussten, wäre es nicht möglich gewesen, ein homogenes, einigermaßen einheitliches Team zu bilden. Luc, der Belgier, war zwar sehr kräftig, aber mit dem Thema Kälte unerfahren, weshalb er die Gruppe oft gebremst hätte, weil er mit seiner Kälte-Wärme-Regulierung beschäftigt gewesen wäre. Handschuhe ausziehen, andere Handschuhe im Schlitten suchen, andere Handschuhe anziehen, Jacke anziehen, weil zu kalt, Jacke ausziehen, weil zu warm, und so weiter und so fort. Ich kenne dieses Verhalten von unerfahrenen Berggängern und Kunden, die ich als Bergführerin über die Viertausender der Alpen führte oder auf Trekkings im Himalaja mitnahm.

Wegen seiner Unerfahrenheit stützte sich Luc ausschließlich auf die Ratschläge von Dixie, die ihm leider zum Verhängnis wurden. Er spürte nicht den minimen, doch unverwechselbaren Unterschied zwischen kalten Händen und dem Moment, in dem die Finger taub und gefühllos werden, weil das Gewebe Kälteschaden zu nehmen beginnt. Gibt man nicht sofort Gegensteuer, ist man erstaunt über die schwarze Nasenspitze, die unter der Sturmmaske hervorkommt, oder über die schwarzen Finger, wenn man die Handschuhe auszieht, oder die violetten Zehen, die hervorblitzen, sobald man die Socken auszieht. Man muss wissen, wie sich dieser feine Unterschied anfühlt, und vertraut sein damit. Ich sage nicht, dass Dixie falsche Ratschläge erteilte. Er gab jene Tipps weiter, die ihm selber dienlich sind. Aber jeder Körper reagiert unter extremen Bedingungen anders. Jeder hat andere Bedürfnisse und braucht deshalb andere Maßnahmen. Nicht nur diese Erfahrung fehlte Luc. Es mangelte ihm gesamthaft an Erfahrung mit der extremen Kälte in der Arktis.

Und Philippe? Ich hatte nichts gegen ihn persönlich. Er war einfach nur ein weiteres Exemplar jener Selbstüberschätzer, die nicht nur von der Natur wenig Ahnung haben, sondern sich über die Jahre hinweg von ihrem inneren Wesen unbemerkt so sehr entfernt haben, dass sie den Zugang zu ihren Herzen, ihren Seelen und ihrem Körper größtenteils verloren haben.

Genau wie der Australier, dem ich vor zwei Jahren in einem Restaurant im Khumbu-Tal in Nepal begegnet bin. Ich besuchte damals die abgeschiedenen Dörfer Phortse und Thame, um den Einheimischen nach dem verheerenden Erdbeben beim Wiederaufbau ihrer zerstörten Häuser und Lodges zu helfen. Ich hatte meine mehrwöchige Arbeit im Erdbebengebiet beendet und war jetzt auf dem Heimweg. Auf dem Weg talauswärts übernachtete ich in Namche Bazar, einem Bergdorf, dessen farbige Häuser auf unzähligen stockwerkartigen Terrassen gebaut sind. Wie immer nutzte ich die Gelegenheit für einen kurzen Abstecher in das einzige Restaurant weit und breit, das Kaffee aus einer original italienischen Kaffeemaschine anbietet. Weil keine Straßen ins Khumbu-Tal führen, hatte ein Träger die mindestens vierzig Kilogramm schwere Maschine tatsächlich knapp dreißig Kilometer weit von Lukla bis nach Namche Bazar geschleppt. Jedenfalls kam ich hier mit einem australischen Staatsanwalt aus Townsville ins Gespräch.

»Was hat dich in dieses Tal verschlagen?«, fragte ich ihn und freute mich auf meinen ersten echten Cappuccino seit Wochen.

»Ich brauchte ein neues Ziel«, erklärte er mir, »deshalb habe ich meinen Porsche verkauft und schließe mich einer Expedition auf den Mount Everest an.« Er verbringe nun einige Wochen hier, um auf Trekkings zu gehen und zu erfahren, wie sich Temperaturen unter null anfühlen. Er habe noch nie in seinem Leben Schnee gesehen und keinerlei Erfahrung mit Kälte.

Welche Bergerfahrung er mitbringe, wollte ich von ihm wissen. »Keine!«, sagte er und nippte an seinem Kaffee. Er schließe sich deshalb der Organisation Adventure Consultants an, jener Organisation, die in den Neunzigerjahren damit anfing, das Bergsteigen am Mount Everest zu kommerzialisieren. Dass Rob Hall, erfahrener Bergsteiger und Eigentümer der Organisation, traurige Berühmtheit erlangte, weil er 1996 am Everest in einen ungeheuerlichen Sturm geriet, der nicht nur ihn, sondern auch einige seiner Kunden das Leben kostete, wusste der Australier nicht. Hall hatte seinen Klienten in seinen Ausschreibungen für die Everest-Expedition einen hundertprozentigen Gipfelerfolg zugesichert. Mir scheint, die Organisation hat – selbst zwanzig Jahre später – nicht viel dazugelernt.

Ich sagte dem Australier, dass er definitiv nicht bereit sei für den Mount Everest und dass er zur Vorbereitung mindestens zwei Jahre lang immer schwierigere Routen in den Bergen unternehmen solle. Als er schon ein halbes Jahr später zum Everest aufbrach, konnte er keine bergsteigerische Erfahrung vorweisen. Außer dass er am Aconcagua, einem fast 7000 Meter hohen Berg in den Anden, dessen Besteigung bei guten Verhältnissen zwar Kondition und Durchhaltevermögen erfordert, aber kaum technische Schwierigkeiten aufweist, scheiterte. Am Everest stürzte er bereits beim ersten Versuch, vom Basislager durch den Khumbu-Eisfall ins Lager 1 zu gelangen, ab. Zum Glück blieb er aber in den von den Sherpas montierten Fixseilen hängen. Trotzdem brach er sich bei diesem Sturz ein paar Rippen, die auch einen Lungenflügel verletzten. Doch er ließ sich nicht von seinem Vorhaben abbringen und rückte trotz allem weiter bis ins Lager 2 vor, das auf 6400 Metern gelegene Advanced Base Camp, das sich am Fuß der Lhotse-Flanke befindet. Dort wurde er dann von einem Helikopter abgeholt und direkt ins Spital von Kathmandu geflogen.

Warum ich das so genau weiß? Wir hatten Telefonnummern ausgetauscht, und er rief mich nach seinem Scheitern am Everest an. Als er sagte, dieser Unfall hätte jedem passieren können, musste ich ihm widersprechen: »Nein, ein geübter Bergsteiger weiß, wie er seine Steigeisen platzieren muss, um in diesem Gelände nicht wegzurutschen. Und auch wenn uns Menschen immer wieder Missgeschicke unterlaufen können und sicher auch dürfen, muss ich dir sagen, dass dir dieser Fehler ganz einfach aus Unerfahrenheit widerfahren ist.« Kürzlich wurde ich von ihm nach Australien eingeladen – ich lehnte dankend ab.

Wieso macht es so vielen Menschen Mühe, sich ihren Grenzen zu stellen und sich ihrem Selbst zuzuwenden? Höre ich Geschichten von Menschen, die sich schon derart weit von sich selbst entfernt haben, dass das Leben nur noch mit Unzufriedenheit und Missmut antwortet, wünsche ich ihnen, dass sie wieder die Natur entdecken, Bergtouren unternehmen, sich vielleicht einer Bergführerin oder einem Bergführer anvertrauen und sich langsam und auf sichere Art und Weise an ihre persönlichen, physischen und mentalen Leistungsgrenzen herantasten. Ich wünsche ihnen Zeit für sich allein, vielleicht auf Wanderungen, die sie von Hütte zu Hütte führen; ein Retreat in einem Kloster; allein auf ruhigen Gewässern zu segeln oder einen Spaziergang im Wald, wo sie wieder lernen, der Seele Raum zu geben und dem Ruf des Herzens zu folgen. Auf diese Weise finden sie hoffentlich zurück in ein inneres Gleichgewicht und tasten sich schrittweise an ein neues Abenteuer heran, anstatt es sich, ohne vorher die nötigen Erfahrungen zu sammeln, erkaufen zu wollen.

Doch mit dem inneren Gleichgewicht scheinen viele Menschen Mühe zu haben. Auch Pavel, was sich zeigt, sobald wir aufgetürmte Eisrücken überwinden müssen, die die Meeresdrift übereinandergeschoben hat. Auch Marin tut sich schwer mit den Hindernissen. Aber ihr junger Körper ist wendiger, und sie zieht einen leichteren Schlitten als wir, denn die Männer und ich haben das Benzin und die Zelte unter uns aufgeteilt. Ihr leichterer Schlitten hilft Marin, in diesen kreuz und quer liegenden Eisblöcken auf den Skiern ihr Gleichgewicht zu halten. Trotz allem kommen wir gut voran und beenden unseren Tag mit einer Marschlänge von 24 Kilometern, das ist doppelt so viel wie an allen Tagen zuvor. Wir wandern durch aufgetürmtes Presseis, durch seichte und mit Raureif überzogene Eisschichten, über junges, neu zugefrorenes und älteres, starkes und solides Eis. Wir sind sehr zufrieden. Marin und ich teilen uns auch an diesem Abend ein Zweierzelt, Dixie schläft allein, Pavel ebenso. Dixie mag keine Schnarcher. Das verstehe ich. Und Pavel meistert die Herausforderung, allein im Zelt zu schlafen, erstaunlich gut.

✦

Wie vereinbart, hat Marin am Abend Schneeschmelz-Wasserkoch-Dienst. Doch sie werkelt lieber an anderen Dingen herum, schickt über Satellit ihre Facebook-Einträge in die Welt hinaus und kümmert sich nicht um das inzwischen köchelnde Wasser.

Als sie endlich realisiert, dass das Wasser kocht, hat sich der Wasserdampf bereits im ganzen Zelt ausgebreitet und legt sich nun in Form von Feuchtigkeit auf unsere Schlafsäcke und auf alle Oberflächen, inklusive der Handschuhe, die ich zum Trocknen an eine Schnur an der Zeltdecke gehängt habe. Ich bin gereizt und sage ihr, sie soll bitte zuerst ihre Arbeiten verrichten und sich dann um die sozialen Medien kümmern. Sie klagt, ihr Schlafsack sei feucht, sie müsse ihn trocknen und brauche deshalb den Kocher im Zelt drinnen. Sobald ihr Schlafsack trocken sei, wolle sie mit dem Schneeschmelzen weiterfahren. Aber ich habe keine Geduld mehr und übernehme auch diese Aufgabe lieber selber. Ich fülle meine Thermosflaschen auf, esse mein Abendbrot und lasse Marin tun, was sie nicht lassen kann. Sie nimmt den Kocher ins Zelt, schließt die Reißverschlüsse der Zelteingänge und hält ihren Schlafsack über die Flamme, um die darin eingelagerten nassen Daunen Zentimeter um Zentimeter zu trocknen.

Warum die Daunen nass sind? Marin schläft nicht richtig. Nachts macht sie alle Schichten um sich herum zu. Das hält zwar das Gesicht warm, weil bei dreißig Grad unter null die Nase nicht so exponiert ist. Aber dafür atmet sie literweise warme Luft in den Schlafsack hinein. Diese Luft kondensiert, und nach zwei, drei Tagen fallen die Daunen in sich zusammen wie ein zu früh aus dem Ofen genommenes Soufflé. Die Daunen isolieren nicht mehr, und man friert in der Nacht, obwohl man sich einen teuren Daunenschlafsack für Temperaturen bis zu vierzig Grad unter null erworben hat.

Nicht selten führen Kohlenmonoxid-Vergiftungen zum Tod von Outdoor-Sportlern, die im Zelt drinnen kochen. Ich öffne deshalb vorsichtshalber auf meiner Zeltseite eine Luke. Marin schafft es tatsächlich, ihren Schlafsack teilweise abzufackeln. Es riecht nach verbranntem Horn. Ich gebe ihr mein Nähzeug, um den Schaden zu beheben. Es wird Stunden dauern, bis ihr Schlafsack endlich trocken ist. Um 22 Uhr sage ich ihr, sie solle bitte den Kocher ausschalten und draußen im Vorzelt verstauen. Noch immer hat sie weder Schnee geschmolzen noch ihre Thermosflaschen aufgefüllt. Ich ärgere mich, denn es wird morgen meine Aufgabe sein, die Arbeit nachzuholen, die Marin heute versäumt. Es nützt alles nichts. Ich verkrieche mich in meinen Schlafsack, wünsche Marin eine gute Nacht und schlafe zum Glück schnell ein.

Am nächsten Morgen bin ich schon früh wach und beginne mein Morgenritual in etwas abgeänderter Reihenfolge: Ich schäle mich aus dem Überzugschlafsack, dem Daunenschlafsack, der Dampfsperrenhülle und dem Seidenschlafsack und rühre, bevor ich den Kocher starte, mit dem Wasser aus meiner am Vortrag gefüllten Thermosflasche eine heiße Schokolade an. Dann öffne ich das Innenzelt und nehme den Kocher zur Hand. Natürlich hat Marin das ganze Benzin in der Flasche verbraucht, ohne es danach aufzufüllen. Die Benzinflaschen sind morgens immer eisig kalt, und es wäre Marins Aufgabe gewesen, das Benzin in die Flasche mit dem Ansaugschlauchverschluss umzufüllen. Also drehe ich den vereisten Verschluss auf, der noch unter Druck steht, bis das Gas eisig kalt und zischend aus der Flasche strömt. Ich nehme die Reserveflasche hervor, die ich am Vorabend draußen deponiert habe, und fülle neues Benzin nach. Meine Hände sind eiskalt. Außerdem ist mir Marin im Weg. Sie hat sich im Schlaf quer ins Zelt gelegt, und ihr Kopf ist jetzt genau in der Mitte des Zelteingangs. Ich lasse sie trotzdem noch ein bisschen schlafen, auch wenn das Hantieren über sie hinweg mühsam ist. Endlich habe ich den Kocher in Gang gebracht. Ich lehne mich weit aus dem Vorzelt, um zu den Schneebrocken zu gelangen, die vom Vorabend noch im Vorzelt liegen und auf ihre Transformation in Wasser warten. Noch immer liegt mir Marin im Weg, ich muss mich dehnen und strecken, um über sie hinweg arbeiten zu können. Dann ziehe ich meine Überhosen und meine Schuhe an und verlasse das Zelt. Das Geschäft ruft. Zurück ins Zelt, rasch die Hände desinfizieren, meine Thermosflaschen auffüllen, eine zweite heiße Schokolade trinken und mein Müesli mit heißem Wasser anrühren. Marin schläft noch immer.

»Marin, es ist Zeit, aufzustehen«, sage ich zu dem Schlafsackbündel.

Keine Antwort.

»Marin?«

Nichts.

»Marin!«

Ein Brummeln dringt aus der Schlafsackhülle.

Und darauf die Frage: »Wo ist mein heißes Wasser?«

Tatsächlich ist sie der Ansicht, sie könne bis in alle Nacht hinein ihren Schlafsack trocknen, anstatt ihre Arbeit zu verrichten, das ganze Benzin verbrauchen, ohne es nachzufüllen, länger als geplant schlafen und als Erstes am Morgen nach »ihrem« heißen Wasser fragen. Es reicht!

»Es wäre nett, zuerst Guten Morgen zu sagen«, sage ich, in der Hoffnung, dass sie meinen gehässigen Unterton bemerkt.

Aber Marin will jetzt nichts bemerken. Sie will Quengeln, und sie will heißes Wasser. Und zwar sofort. Also reiße ich mich zusammen und gebe ihr, was sie will. Während sie es noch halb verschlafen an sich nimmt, entschuldigt sie sich für ihr kindliches Verhalten. Sie habe Kopfweh und deshalb schlecht geschlafen, sagt sie und bleibt im Zelt liegen, während ich mich zum Aufbruch bereit mache. Auch Pavel und Dixie sind schon dabei, ihre Zelte abzubauen. Dixie steckt seinen Kopf in unser Zelt und fragt

Marin, ob mit ihr alles in Ordnung sei. Noch immer klagt sie über Kopfschmerzen. Ich packe meine Utensilien auf den Schlitten und denke mir meinen Teil. Noch während Marin im Zelt drinnen sitzt, fange ich an, das Außenzelt abzubauen. Es ist meine Art, ihr ohne Worte zu sagen: »Reiß dich zusammen, Frau, und mach vorwärts!« Endlich kommt sie in die Gänge.

Dixie bietet ihr die Navigation an. Bei allem Respekt vor Marin und davor, was sie in den vergangenen Jahren geleistet hat, ihre Ausdauer und ihre Entschlossenheit sind bemerkenswert, aber in der Wildnis ist sie trotzdem unerfahren. Aber vielleicht hat Dixie ja recht, und sie wird ihre Kopfschmerzen und die Übelkeit, über die sie immer noch klagt, vergessen, wenn sie sich auf die Navigation anstatt auf sich und ihr Schädelbrummen konzentrieren muss. Von den Zusammenhängen der Navigation versteht sie aber leider nichts. Also erklärt ihr Dixie, wo ihr Schatten in Bezug auf die Marschrichtung zu stehen hat. Mich beschleicht ein diffuses Gefühl des Unbehagens, denn hier, wo Marin nun navigieren soll, ist kein einfaches, offenes Gelände, sondern solides Presseis. Jenes Eis, das sich durch die Strömung über längere Distanzen wild über- und durcheinandergeworfen hat.

Marin geht also vorweg, ich folge im Wesentlichen ihrer Spur, außer ihr Auge täuscht sich bei den Presseisüberquerungen. Dann wähle ich die mir einfacher erscheinende Route. Aber wenigstens geht Dixies Plan auf: Marin scheint ihre Kopfschmerzen bereits vergessen zu haben. Alles halb so wild. Mit Sicherheit hat sie am Vorabend nur zu viele Abgase eingeatmet, war heute Morgen deshalb schlecht gelaunt und brauchte eine Extraportion Aufmerksamkeit. Als Guide bin ich mit diesen psychologischen Mechanismen von Tourenteilnehmern vertraut. Doch Marin ist nicht meine Klientin. Und ich hatte heute Morgen absolut keine Lust, ihr diese Extraportion Zuwendung zu geben.

Meine Gedanken werden jäh unterbrochen, denn Marin steuert direkt auf einen Presseisrücken zu. Ich wähle einen mir logischer erscheinenden Weg durch das zerklüftete Gelände und werfe instinktiv einen Kontrollblick zurück. Die Männer sind nicht mehr zu sehen. Ich stoppe und warte, um zu sehen, ob sie aufschließen, rufe ihnen zu, bin aber offensichtlich außerhalb der Rufdistanz. Also löse ich mich von meinem Schlitten, nehme meine Kamera, die ich im Bug des Schlittens platziert habe, gehe etwa fünfzig Meter zurück und steige auf einen Eisblock, um Blick- und Rufkontakt herzustellen. Ich könnte ein paar schöne Bilder schießen, während sie zu uns aufschließen, denke ich mir, als Dixie mir entgegenruft, Pavels Zuggurte sei gerissen. Marin bemerkt von alledem nichts, sie ist einfach weitermarschiert. Ich rufe ihr zu, sie solle warten, worauf sie sich umdreht, feststellt, dass ihr niemand folgt, und ebenfalls stehen bleibt. Wie ein Leuchtturm stehe ich nun zwischen Marin, die etwa hundert Meter vor mir steht, und den Jungs, die etwa in gleicher Entfernung in entgegengesetzter Richtung hinter mir sind. Ich beobachte, wie sich Marin verpflegt. Später wird sie sagen, sie habe einige Salamistückchen aus einem Plastikbeutel gegessen und diesen danach halb voll auf ihren Schlitten gelegt, bevor sie ihre Zuggurte abgehängt habe, um zu mir zu kommen und sich zu erkundigen, was los sei.

Mittlerweile gelingt es Dixie, Pavels Zuggurte provisorisch zu reparieren, worauf sich die Männer langsam für den Weitermarsch bereit machen und zu uns aufschließen. Währenddessen bahnt sich auf der gegenüberliegenden Seite, da wo Marin ihren Schlitten zurückgelassen hat, etwas ganz anderes an.

Da bist du ja, Bär

Ich bin mit meiner Kamera beschäftigt, als Marin plötzlich schreit: »Polar bear! Polar bear!« In dem Moment sehe ich ihn. Mein erster Gedanke: »Da bist du ja, Bär, endlich bist du da!« Eine eigenartige Erregung durchdringt mich, nicht wirklich Schreck, eher ein Gemisch aus Faszination und dem Gefühl, als wäre er schon die ganze Zeit da gewesen. In mir drin, meine ich. Ich verspüre keinen Funken Angst.

Er kam aus dem Nichts, ein schöner Bär, gesund, kräftig und wohlgenährt, mit gelblich weißem Fell. Nun steht er da, rund hundert Meter von uns entfernt. Offenbar hat ihn der Duft des Salamis auf Marins Schlitten angelockt. Ergriffen, aber auch in höchster Alarmbereitschaft beobachten wir, wie sich das mächtige Tier über ihren Proviant hermacht. Er mag Salami, so viel steht fest. Mit seiner Zunge schleckt er sich über sein Maul, während er seine Vorderpfoten, und damit auch seinen wuchtigen Körper, gegen Marins Schlitten stemmt, wohl in der Hoffnung, mehr Leckereien zu finden. Mit meiner Kamera in der Hand mache ich ein paar Schritte auf den Bären zu, in den Ohren Dixies Stimme, die mir befiehlt, sofort stehen zu bleiben. Ich ignoriere seine Anweisung. Sie ergibt für mich keinen Sinn, der Bär zeigt überhaupt kein aggressives Verhalten. Dreimal setze ich an, um dem Bären etwas näher zu kommen. Ein paar Schritte vorwärts, ein paar Schritte zurück, ganz langsam, ohne den Blick von ihm abzuwenden. Was hinter mir passiert, liegt außerhalb meines Blickfeldes. Ich höre nur Marins leises Wimmern, spüre ihre Angst.

Mein Fokus ist auf den Bären gerichtet. Ich filme ihn, den Einzelgänger, der sich den lebensfeindlichsten Raum zu seiner Heimat gemacht hat. Was für ein prachtvolles Tier! Wir müssen dem Bären verständlich machen, dass dies unser Bereich ist, dass er unerwünscht ist, das ist uns allen klar. Doch die einzige Signalpistole befindet sich in Marins Schlitten und ist, wegen des Bären, der diesen noch immer in Beschlag nimmt, für uns unzugänglich. In einer Ruhe, die mich im Nachhinein selber erstaunt, filme ich weiterhin die Szenerie. Ich fühle nur Bewunderung für dieses kräftige, wilde Tier.

Mittlerweile haben Pavel, Dixie und Marin zu mir aufgeschlossen. Während Dixie sein Gewehr aus dem Schlitten zieht, höre ich ihn sagen, er habe sein Gewehr viel schneller aus seinem Schlitten gefischt als Pavel seine Pistole. Ich bin irritiert. Ist er etwa stolz darauf? Pavel, der seinen Revolver inzwischen auch in der Hand hält, versucht, einen Warnschuss abzufeuern, doch der Revolver versagt seinen Dienst. Erst beim dritten Versuch geht der Schuss los – senkrecht in die Luft. Der Bär erschrickt, beruhigt sich aber schnell wieder, schnüffelt weiter und streckt seine schwarze Nasenspitze witternd in die Höhe. Seit dem Warnschuss scheint er Marins Schlitten kritischer zu betrachten, denn er entscheidet sich, einen anderen Weg zu gehen. Mit anmutigen, ausgestreckten Schritten steuert er jetzt auf meinen Schlitten zu, der sich in etwa fünfzig Meter Distanz zu uns befindet. Aber dann ändert er plötzlich seine Marschrichtung, kommt langsam diagonal auf uns zu, hält inne, reckt erneut seine Nase in die Luft, schnüffelt und schüttelt seinen mächtigen Kopf.

Der Eisbär hat sich nun rund dreißig Meter von uns entfernt hinter einer Presseiszone versteckt. Er scheint nicht recht zu wissen, was er als Nächstes tun soll. Obwohl er uns gesehen und gewittert hat, scheinen wir ihn nicht sonderlich zu interessieren. Mit Sicherheit ist er noch nie einem Menschen begegnet. Er weiß nichts über uns und kennt deshalb auch nicht die Gefahr, die von uns ausgeht. Marin hat Angst, verhält sich aber passiv, Dixie und Pavel wirken nervös. Jetzt wäre der Moment, mindestens drei weitere Warnschüsse abzufeuern und den Bären weiter zu verunsichern. Dixie erteilt Pavel stattdessen den Befehl, keine weiteren Warnschüsse mehr abzufeuern, »um Munition zu sparen«, wie er sagt.

Ich bin irritiert, schon wieder. Etwas stimmt hier nicht. Es ist mein Instinkt, der sich meldet, sobald eine Situation unklar ist. Gedankenfetzen wirbeln durch meinen Kopf. Es sind Bilder von Dixie, wie er meine einfach handzuhabende, zwölfkalibrige Mossberg-Repetierflinte nicht annehmen wollte. Erst viel später, als ich die Begegnung mit dem Eisbären immer und immer wieder analysiere, wird mir bewusst, wie belastet er, der Polarexperte, in dieser Situation gewesen sein muss, weil er seinem Gewehr und seinen Fähigkeiten als Schütze nicht zu hundert Prozent vertrauen konnte. Er muss mindestens in seinem Hinterkopf gewusst haben, dass die Lademechanik seiner Waffe möglicherweise klemmen könnte, so wie damals, als wir auf Spitzbergen deren Funktionalität überprüften. Vermutlich gab er Pavel deshalb die Anweisung, keine weiteren Warnschüsse mit seinem Revolver mehr abzufeuern, um für den Notfall noch Munition zu haben. Denn wäre Dixies Gewehr tatsächlich schussuntauglich gewesen, hätten wir mit Sicherheit ein Problem bekommen.

Der Bär duckt sich nun hinter einen Presseisrücken und schaut neugierig hinter diesem hervor. Ich filme weiter, bestaune ihn, ohne dabei in Schwärmerei zu geraten. Zu jedem Zeitpunkt bleibe ich kritisch beobachtend. Es gibt keinen Anlass zur Unruhe. Sein Verhalten hat nichts mit dem »hundertsten Bären« zu tun, dem seltenen aggressiven, hungrigen Bären, der alles daransetzen würde, den Menschen zu seiner Beute zu machen.

Dixie erteilt mir den Befehl, meine Kamera auszuschalten. Ich stelle auf Durchzug.

Dann höre ich wie Pavel, der Hobbyjäger, zu Dixie sagt, der Eisbär stehe jetzt perfekt für einen Schuss.

Dixie antwortet, er soll noch nicht schießen.

Der Eisbär streckt seine Nase erneut in die Luft, ist neugierig, aber definitiv nicht aggressiv.

Dann, plötzlich, geht alles sehr schnell: Dixie weist Pavel an, dem Bären in die Pfoten zu schießen, und erteilt sogleich das Kommando zum Abfeuern.

Der Schuss fällt am 11. April um 10.55 Uhr. Der Eisbär zuckt zusammen, wendet sich ab, flieht in die entgegengesetzte Richtung, bleibt abrupt stehen, schüttelt seinen mächtigen Kopf, als wolle er etwas loswerden, und verschwindet danach in langen Schritten, taumelnd, hinter den Eisblöcken und damit aus unserem Blickfeld. Ich schalte die Kamera aus. Entsetzen in meinen Augen, Adrenalin in meinem Blut. Ich kann nicht glauben, dass Dixie gegen alle Regeln verstoßen und Pavel, nach nur einem einzigen Warnschuss, befohlen hat, auf den Eisbären zu schießen.

Ich fühle mich gerade selbst wie angeschossen. Bin mit der Schnelligkeit, mit der Dixie Pavel zum Abschuss anleitete, völlig überfordert. In keiner Sekunde habe ich mit einem derart überstürzten Vorgehen gerechnet. Die Situation war angespannt, ja. Aber bis zum Schuss lief nichts aus dem Ruder. Alles war im Lot. Eben noch war ich im vollsten Vertrauen, dass Dixie, der Polarexperte, der mehrere Bücher geschrieben und ein Nachschlagewerk über Polarexpeditionen veröffentlicht hat, niemals auf einen Eisbären schießen oder das Kommando dazu erteilen würde. Es sei denn, sein Team wäre in einer absoluten Notsituation, von der wir aber weit entfernt waren.

Als Beifahrer geht man instinktiv davon aus, dass der Fahrer am Rotlicht einer Ampel anhält und erst dann weiterfährt, wenn das Signal auf Grün wechselt. Man geht nicht davon aus, dass der Fahrer das Rotlicht ignoriert, höchstens kurz abbremst, um dann auf das Gaspedal zu drücken und mit Vollgas über die Kreuzung zu rasen. Ich habe Dixie ganz selbstverständlich vertraut. Darauf, dass er alles daransetzen würde, den Bären zu schützen. So wie das Rune, ein Norweger, getan hat, der auf einem anderen Längengrad unterwegs war zum Nordpol. Als wir uns am Ziel kennenlernten, erzählte er, dass er einen Tag vor uns Besuch von zwei Eisbären bekommen habe, sie aber mit Warnschüssen aus seiner Signalpistole erfolgreich habe vertreiben können. Auch wir hätten zwei oder drei weitere Warnschüsse abfeuern oder – wäre dies erfolglos geblieben – dem Bären einen Schuss *vor* seine Pfoten platzieren können.

Marin, Dixie und Pavel gehen zu Marins Schlitten, der vom Bären lediglich ein wenig herumbugsiert wurde, aber zum Glück keine Kratzer abbekommen hat. Ich gehe zu den Fußspuren des Bären, sehe vereinzelte Blutstropfen im Schnee. Marin fragt Dixie, ob der Bär überleben wird, und Dixie, als könnte er dies wissen, sagt Ja. Mir ist schlecht.

✦

Wortlos machen wir uns bereit zum Weitergehen. Um 18 Uhr stellen wir unser Camp auf. Ich setze mich in mein Zelt, um Ruhe zu finden. Erst jetzt fängt meine Seele an zu weinen. Alle wollen sie glauben, dass es dem Eisbären gut gehe. Dass er kaum oder höchstens leicht verletzt wurde. Ich spüre, dass es nicht so ist. Ich versetze mich in das Leben des Eisbären, stelle mir vor, wie ich mit einer Schussverletzung jagen soll. Negativ. Ich gehe rüber zu Pavel, um von ihm zu erfahren, welche Art Munition er abgefeuert hat. Vielleicht lassen sich aus seiner Antwort Rückschlüsse über den Verletzungsgrad des Bären ziehen? Pavel sagt, er habe seine sechsschüssige Browning mit zwei verschiedenen Patronenarten geladen gehabt. Jede zweite Patrone sei eine Schrotpatrone. Eine solche hätte den Eisbären zwar auch verletzt, aber auf die Distanz hätte sie ihm nicht viel angetan. Eine Verletzung durch eine Kugel des Neun-Millimeter-Kalibers allerdings schon. Ich klammere mich an die Hoffnung, dass es Schrot war, das den Bären getroffen hat, doch Pavel nimmt mir diese Hoffnung. Verdammt! Tausend Fragen in meinem Kopf, Gefühle wechseln sich im Sekundentakt ab. Ich habe die Nase voll, im wahrsten Sinne des Wortes. Die Sache macht mich krank. Ich werde fiebrig, meine Nasen- und Nebenhöhlen verstopfen sich und sind bald komplett zu. Bin ich wirklich die Einzige, die mit dem Vorfall nicht zurechtkommt?

✣

Ein weiterer langer Tag liegt vor uns. Der letzte, bevor wir unser Ziel erreichen. Es ist leicht bedeckt, die Temperaturen sind gestiegen und betragen nun 27 Grad unter null. Im Vergleich zu den Vortagen fühlt sich das richtig warm an. Das Nordpolarmeer wird in ein mystisches Licht getaucht. Schleier aus Nebel gleiten über das gefrorene Wasser und berühren dessen Oberfläche in einem harmonischen Tanz. Der Wind, die Nebelfetzen, das Eis und die sanft durch den Nebel dringende Sonne lassen erahnen, was Harmonie und Friede wirklich bedeuten. Ich fühle mich als Einheit mit der Kälte, den Winden und den Sonnenstrahlen, die zärtlich die Eisoberfläche berühren. Bin mir der Endlichkeit dieses zauberhaften und fragilen Momentes bewusst, wünschte, ich könnte jetzt zur Eissäule erstarren und diesen Zauber für immer in mich einschließen. Stattdessen setze ich einen Fuß vor den anderen. Einen Fuß vor den anderen. Immer weiter, immer weiter. Nur wenige Kilometer fehlen noch bis zum Nordpol. Meine innere Anspannung lässt langsam von mir ab und macht der Vorfreude Platz.

Am Ziel
12. April 2017

Am 12. April 2017 um 18.45 Uhr erreichen wir den magischen Punkt, an dem alle Längengrade zusammenlaufen. Neunzig Grad Nord. Mein Traum, der lange Strecken meines Lebens mitbestimmte, erfüllt sich in diesem Moment. Ich bin nach dem Mount Everest und dem Südpol an meinem dritten Pol angelangt. Ich habe es geschafft. Trotz den plagenden Fragen um das Wohl des Eisbären fühle ich eine stille, innere Freude, die mein Herz erfüllt und meine Seele erhellt.

Ich denke an meine Schwester, die vor über zehn Jahren partout nicht wollte, dass ich zum Nordpol gehe. Sie hatte Angst, mir würde etwas zustoßen. Also einigten wir uns darauf, dass ich zuerst zum Südpol gehen würde. Als ich ihr vor einem Jahr sagte, es ziehe mich immer noch zum Nordpol, war ihre Angst kleiner, und sie war mit meinem Vorhaben einverstanden. Niemals wäre ich gegen ihren Willen aufgebrochen. Wenn meine Schwester sagt, sie habe ein ungutes Gefühl, weiß ich, dass der Zeitpunkt, um aufzubrechen, nicht richtig ist.

Ich denke an meine verstorbene Mutter. Nun werde ich nicht mehr zu ihr nach Hause gehen, mit ihr zusammen kochen und ihr von meinen hier erlebten Geschichten erzählen können. Es fällt mir leicht, zu sagen, dass meine Mutter der einzige Mensch war, der mich wirklich erkannte und so sein ließ, wie ich bin. Nie hat sie genörgelt oder wegen meiner risikoreichen Tätigkeit gejammert. Nie hat sie von mir erwartet, einen Mann zu heiraten und ihr Enkelkinder zu schenken. Nie hat sie versucht, mich zu ändern und aus mir eine angepasste Frau zu machen. Sie hat mich mit ihrer Kraft stets unterstützt und wäre mit mir auf den Mond geflogen, hätte ich sie darum gebeten.

Ich denke an meine Freunde daheim, die mich darin unterstützen, meinen Weg zu gehen, wie auch immer dieser aussieht. Sie waren für mich da, als ich im Alleingang nach Spitzbergen ging, und sie waren für mich da, als ich mich für die letzte Nordpoletappe für ein Team entschieden habe. Sie verstehen meine Entscheidungsprozesse und unterstützen mich darin. Wenn man keine eigene Familie gegründet hat, rücken Freunde noch stärker in den Kreis der engen Verbündeten. Sie werden zu Schwestern und Brüdern.

Ich denke an meinen Vater. Ich weiß, er hat sein Bestes gegeben. Aber von ihm anerkennende Worte zu bekommen, wäre zu viel verlangt gewesen. Er hätte sich, wäre er noch am Leben, für die Bilder interessiert, die ich ihm gezeigt hätte, und hätte mir gesagt, was für verrückte Sachen ich doch mache. Und meine Mutter hätte mir nachträglich erzählt, unter vier Augen natürlich, wie stolz mein Vater auf mich sei. »Du weißt ja, dass er es nicht so gut zeigen kann, Evelyne«, hätte sie zu mir gesagt. Vielleicht habe ich ja bloß ein Leben lang um die Anerkennung meines Vaters gerungen? Dieser Gedanke huscht mir jetzt durch den Kopf. Wie auch immer. Meine Eltern sind nicht mehr. Ich vermisse sie.

Marin, Pavel, Dixie und ich umarmen uns, machen Fotos. Ein letztes Mal schlagen wir unser Camp auf, direkt auf dem Nordpol. Neunzig Grad Nord. Wir werden nicht für lange Zeit hierbleiben. Die Drift wird uns, während wir schlafen, mit jeder Stunde fast einen Kilometer gegen Süden treiben. Woandershin kann die Meeresströmung das Eis, auf dem wir campieren, nicht driften lassen. Am Nordpol gibt es nur eine Himmelsrichtung, und das ist Süden.

ÜBER DEN
NORDPOL HINAUS

Am nächsten Morgen erwachen wir fünf Kilometer südlich vom magischen Punkt neunzig Grad Nord. Noch am selben Tag fliegt uns der Helikopter zurück nach Barneo, wo bereits die Antonow für den Weiterflug nach Spitzbergen auf uns wartet.
Mir geht das alles viel zu schnell.
Nach der Landung in Longyearbyen gehe ich sofort schlafen. Nach einer kurzen Nacht suche ich Dixie auf, um erneut den Vorfall mit dem Bären anzusprechen. Ich treffe ihn allein am Frühstückstisch an. Es sei seine Aufgabe, seine Kunden zu beschützen, sagt er knapp. Diese Aussage kann ich selbstverständlich nachvollziehen. Nicht umsonst ging ich aber während meiner Vorbereitung für den Nordpol durch ein intensives Bärenschutztraining. Es hatte einen Grund, weshalb ich mich tagelang von diversen Bärenkennern ausgiebig instruieren ließ und dabei lernte, mein Leben, vor allem aber auch das Leben der Eisbären, bei einer Begegnung zu schützen. Ich lernte nicht zum Spaß die einzelnen Schritte, die zwingend unternommen werden müssen, bevor man auf einen Bären schießt. Und weil ich diesen ganzen Lernprozess durchgemacht habe, kann ich heute beurteilen, dass Dixie mit seinem voreiligen Entschluss, das Kommando zum Abfeuern zu erteilen, mindestens vier Schritte dieser Kette von

Verhaltensregeln ignoriert hatte. Hätte sich dieser Vorfall auf Spitzbergen ereignet, auf dem Boden, der norwegischem Gesetz unterliegt, hätte Dixie jetzt vermutlich einen Prozess zu befürchten. Aber das Nordpolarmeer ist internationales Gewässer, sodass im Grunde niemand für das Leben dieses Eisbären verantwortlich ist. Dies, obwohl die Eisbären nicht nur in Norwegen, sondern auch in Russland gesetzlich geschützt sind. Ich will an diesem Morgen keine weiteren Fragen in Dixies Bauch bohren, obwohl mir viele davon auf der Zunge brennen.

Wenig später lese ich eine Nachricht von Julie, Dixies Frau, auf meinem Computer. Sie gratuliert mir zum Triumph, den Nordpol erreicht zu haben. Ich antworte ihr, dass sich das Erreichen des Nordpols für mich nicht wie ein Triumph anfühle und dass ich meine Gefühle derzeit wegen des verletzten Bären noch nicht richtig einordnen könne. Ebenfalls lasse ich Julie wissen, dass ich mehrere Male das Gespräch mit Dixie gesucht, er aber ausweichend und distanziert reagiert habe. Julie antwortet, dass Dixie nur zu unserem Schutz so und nicht anders gehandelt habe und dass der Bär schließlich sämtliche Sicherheitsschranken durchbrochen habe. Ich stutze. Von welchen Sicherheitsschranken redete Julie? Um dem Bären zu signalisieren, dass er bei uns nicht willkommen war, hätten wir die Signalpistole abfeuern müssen. Wir hatten aber nur eine Signalpistole dabei, und Marin, die navigierte, trug sie nicht auf ihrem Körper, sondern hatte sie in ihrem Schlitten verstaut. In jenem Schlitten, von dem der Bär Salamistücke stibitzte, die Marin offen herumliegen ließ, was grob fahrlässig war. Es hätte nicht ein einziger Warnschuss, sondern es hätten drei oder vier Warnschüsse abgefeuert werden müssen, um dem Bären Schranken aufzuzeigen. All dies ist nicht passiert.

Ich ziehe mich in mein Zimmer zurück, um auf meiner Kamera nach den Videosequenzen zu suchen, die ich vor und während des Vorfalls gefilmt hatte. Ich bin nervös, weil ich nicht weiß, ob die Kamera wegen der eisigen Kälte überhaupt funktionierte. Dann die Erleichterung: Alles ist gut, sie hat funktioniert, nur das Mikrofon versagte anscheinend, denn die Filmsequenzen sind alle ohne Ton. Angespannt sichte ich das Material. Erst jetzt realisiere ich, dass ich den Bären bei einem 180-Grad-Kameraschwenk schon vor dem Vorfall gefilmt habe, ohne ihn aber bewusst wahrzunehmen. Dixie hat bis jetzt stets behauptet, dass Pavel, wie von ihm angeordnet, »nur« auf die Pfoten des Bären gezielt habe. Das Video zeigt hingegen deutlich, dass die Pfoten des Eisbären zum Zeitpunkt des Schusses hinter einem Presseisrücken verborgen waren und nur sein Kopf und ein Teil seines Rückens hervorlugten. Der Schuss kann also gar nicht vor oder in die Pfoten platziert worden sein.

Ich schreibe Dixie eine SMS und kläre ihn auf. Ich schreibe, es gehe mir nicht darum, einen Schuldigen zu suchen, ich wolle aber die Situation genau analysieren und die anderen Polar-Leader über den Vorfall informieren, damit man Verbesserungen anstreben und in Zukunft das Leben der Bären besser schützen könne. Auf meine SMS bekomme ich von Dixie nur oberflächliche Antworten. Ich gehe deshalb noch einmal in das Restaurant, wo er sich noch immer befindet. Vielleicht ist es ein Ablenkungsmanöver, vielleicht auch seine Unsicherheit, als er mir mit fröhlicher Miene erzählt, wie er Marins Wäsche gewaschen und fein säuberlich für sie zusammengelegt habe. In diesem Moment gesellt sich Marin an unseren Tisch. Dixie albert mit ihr herum, fragt nach, ob sie ihre Wäsche schon entdeckt habe. Während Marin ihn überschwänglich für seine gute Tat lobt, entscheide ich mich, bei diesem Spiel nicht mitzuspielen.

»Du kannst ja Eisbären-Aktivistin werden, wenn dir so viel an dem Bären liegt«, sagt Dixie und wendet sich wieder Marin zu.

Er hat recht. Ich muss aktiv werden. Ich stehe auf, verabschiede mich und tue, was ich für richtig halte.

Zuerst wechsle ich die Unterkunft und erkundige mich an der Rezeption nach der Nummer der Polizei. Die Rezeptionistin ist sehr zuvorkommend und ruft gleich persönlich auf dem Posten an. Sie übergibt mir den Hörer, und ich bitte den Polizisten am anderen Ende, mich aufzusuchen. Zwei Stunden später steht er mit einer Kollegin in meinem Zimmer. Ich rapportiere den Vorfall und wiederhole, dass es mir nicht darum gehe, Schuldige zu suchen. Ich wolle diese Geschichte auf den Tisch legen, damit solche Situationen in Zukunft besser gemeistert werden könnten. Wir analysieren das Videomaterial zu dritt.

Währenddessen versucht Dixie weiter, die Geschichte unter den Teppich zu kehren. Durch Julie, seine Frau, die in Belgien das Office hütet, lässt er unter dem Datum 11. April 2017 einen Blogeintrag auf seiner Website veröffentlichen. Allerdings mit einer anderen Geschichte als derjenigen, die sich tatsächlich auf dem Eis zugetragen hat.

Auszug aus dem Blogeintrag (aus dem Englischen übersetzt):

»In diesem Moment begann ein fünf bis sechs Jahre alter männlicher Bär namens Jeff – nur Spaß, vielleicht war sein Name auch George –, dieser Bär begann also, gegen Marins Schlitten zu stoßen, und spielte aggressiv mit ihm herum. Die Schlitten sind schwarz, und die Gerüche in den Schlitten stammen von Esswaren und anderen Utensilien, die einen Bären hungrig und neugierig machen. Weil Bären bekanntlich schlecht sehen, könnte es sein, dass dieser Bär irrtümlicherweise glaubt, das schwarze Gebilde (der Schlitten, Anm.) sei eine Robbe. Dixie hob sofort das Gewehr auf seine Schulter, und Pavel holte seinen

Revolver hervor. Pavel ist ein hoch qualifizierter Schütze und begeisterter Jäger in seiner Heimat, der Tschechischen Republik, und Dixie nimmt immer sein Mauser-Gewehr (eine alte, deutsche Waffe, die bekannt dafür ist, der eisigen Kälte standzuhalten) mit, wenn er als Führer in der Arktis unterwegs ist. Die beiden Frauen waren zu diesem Zeitpunkt bei Dixie und Pavel, und alle vier machten Lärm, um zu versuchen, den Bären zu vertreiben. Der Bär war kurz über den dreißig Meter von ihm entfernten Lärm irritiert, aber dann ließ er von Marins Schlitten ab (der glücklicherweise nicht stark beschädigt wurde) und begann in gleicher Weise Evelynes Schlitten zu attackieren. Noch einmal: Die Gruppe machte Lärm, um den Bären zu verängstigen und zu vertreiben, aber das Einzige, was daraus resultierte, war, dass der Bär neugierig auf die lauten und leider stark riechenden Wesen wurde, die sich in der Nähe befanden. Der Bär hielt seine Schnauze in die Luft, folgte sofort seiner Nase und ging auf unser nun extrem verängstigtes Team zu.

Aus Rücksicht auf die normalerweise geltende Regel, dass niemand auf einen Bären schießen darf, es sei denn, der Bär ist ganz nahe oder eindeutig im Begriff, anzugreifen, forderte Dixie Pavel auf, abzuwarten, was das Geschöpf als Nächstes tun würde. Es wurde mehr als deutlich, dass der Bär nicht stoppen würde, und so feuerte Pavel einen Warnschuss ab (das war zum Zeitpunkt, als der Bär hundert Meter entfernt von uns war, Anm.). Der Bär hielt kurz inne, ging dann aber weiter auf sie zu, bis auf zehn Meter. Pavel feuerte nun einen zweiten Schuss ab, diesmal nahe vor die Pfoten des Bären. Zum Glück erschreckte diese Detonation direkt vor seinen Füßen den Bären dermaßen, dass er von der Gruppe wegrannte.

Dixie folgte dem Tier ein kurzes Stück, um sicherzugehen, dass es tatsächlich weg war (hoffentlich endgültig), und kehrte zur völlig benommenen Gruppe zurück. Dixie war genauso erschrocken wie die anderen, obwohl er während seiner langen Polarexpeditionskarriere mehrere Bärenbegegnungen hatte. Es ist eine Situation, die einen jedes Mal in Schrecken versetzt, aber glücklicherweise blieben alle cool genug, um dieses Zusammentreffen so kurz und so sicher wie möglich zu halten. Ein Prosit auf Pavel und Dixie für ihre ruhige und sichere Hand und ihre angemessenen Reaktionen!«

Als ich Dixies verdrehten und mit Unwahrheiten gespickten Blog zu Ende gelesen habe, kopiere ich ihn für mich, schicke Dixie dann wieder eine SMS und frage ihn, warum er in seinem Blog nicht die Wahrheit schreibe. Ich informiere ihn auch darüber, dass ich einen ausführlichen Rapport an den Polizeioffizier und eine Kopie davon an den Gouverneur von Svalbard gesandt habe. Diese Schritte hätte zwar Dixie, als Teamleader, selber unternehmen müssen. Aber es erstaunt mich nun nicht mehr, dass er auch dies unterließ. Erst jetzt wird ihm wohl bewusst, dass er seine verdrehte Geschichte nicht länger verbreiten kann. Schon am nächsten Tag hat er seinen Blogeintrag geändert.

Währenddessen treffe ich mich mit Eric Philips, dem Präsidenten der International Polar Guides Association – IPGA – der von Dixie bis dahin ebenfalls im Glauben gelassen worden ist, es habe lediglich einen Warnschuss vor die Pfoten des Eisbären gegeben. Ich informiere Philips über den genauen Vorfall und über die von meiner Seite aus unternommenen Schritte. Seine Reaktion: »Maybe this is a wake-up call.« Weiter informiere ich Victor Boyarsky, den russischen Arktis-Pionier und Wissenschafter von VICAAR, der die Flüge von Longyearbyen nach Barneo koordiniert und selber schon mehrere Polarexpeditionen aus sportlichen und wissenschaftlichen Ambitionen unternommen hat. Victor

Boyarsky seinerseits klärt Victor Serov auf, den Basischef auf Barneo, der die Evakuationsflüge von Luc und Philippe organisiert hatte. Wie ich später erfahre, war dieser sehr verärgert, denn ein verletzter Eisbär kann aggressiv werden und somit auch andere Expeditionsgruppen gefährden. Ich wende mich auch an Milan, der mich am ersten Tag meiner dritten Etappe ein paar Stunden begleitet hat und der als Wissenschaftler an der Universität in Longyearbyen dozierte. In Zusammenarbeit mit dem Gouverneur, der Polizei von Svalbard, der IPGA und der Station Barneo haben wir dem Gouverneur und der Polizei von Svalbard ein sechsseitiges Dokument mit Verbesserungsvorschlägen zum Schutz der Eisbären übergeben. Es ist auch im Interesse der IPGA, ihren guten Ruf zu bewahren. Sie wurde durch diesen Vorfall hinsichtlich ihrer Ausbildungsdefizite sensibilisiert und wird, so hat man mir versichert, Schritte für Verbesserungen einleiten.

✦

Ich fühle mich verantwortlich für den Eisbären. Er ist gegenüber Schusswaffen machtlos und somit das schwächste Glied. »Mein« Eisbär steht heute als Symbol für überstürztes Handeln. Doch seine Begegnung mit Menschen auf dem Nordpolarmeer soll nicht umsonst gewesen sein. Aufgrund der Klimaerwärmung und der damit verbundenen drastischen Abschmelzung werden Eisbären immer häufiger und immer näher zum Nordpol unterwegs sein, denn sie brauchen das Eis, um nach Robben zu jagen. Mir geht es darum, solch ein voreiliges Handeln, wie ich es erlebt habe, in Zukunft zu vermeiden, indem die Guides der IPGA besser geschult werden. Übrigens: Ich bin mir sicher, dass Dixie heute anders reagieren würde. Ich habe ihm das Gespräch angeboten. Meine Türen stehen ihm offen, wann immer er bereit dazu ist.

Die Arktis ist ein lebensbedrohlicher und zugleich wunderschöner Ort. Sie ist voller pastellener Farben und birgt viele Geheimnisse. Sie ist gefüllt mit pragmatischer Schönheit und Kargheit. Der Mensch, der in diese Landschaft eindringt, um ihr wahrhaftig zu begegnen, kann viel über sich erfahren. Die Kälte der Arktis, ihre Rauheit, ihre immense Dimension ist derart fordernd, dass sie Mängel schonungslos aufzeigt und unsere Schwächen an den Tag bringt. Das Leben in einer bedrohlichen Natur reduziert sich auf das Überleben. Sie erinnert uns an die Zeiten, als dies noch die schwierigste Aufgabe des Menschen war. Sie erinnert uns an die Wurzel unseres Seins, von der wir uns weit entfernt haben. Es geht nicht darum, Menschen aus der Arktis zu verbannen. Vielmehr schenkt sie uns die Möglichkeit, in sie einzutauchen, von ihr zu lernen und an ihr zu wachsen.

EPILOG

Mein Leben für drei Pole

Während ich daheim einen heißen Kaffee genieße, wandert mein Blick hinaus in das Tal gegen Südosten hin, auf dessen Berge ich im Winter so gern mit meinen Tourenskiern steige. Es ist ein früher Morgen im August 2017, Wolken tanzen um die Gärstenhörner; die letzten Reste des Gärstengletschers versuchen, der Hitze des Hochsommers zu trotzen. Tag für Tag schmilzt der Gletscher weiter ab. Er wird wohl bald dasselbe Schicksal erleiden wie viele andere auch. Nichts mehr wird von seiner Existenz und von seinem einst dicken, mächtigen Eis übrig bleiben. Aber seine Kraft wird die Moränen gebildet und die Granitfelsen abgeschliffen haben. Sie werden die Zeitzeugen sein, die unsere Nachkommen noch in Jahrhunderten, vielleicht sogar Jahrtausenden daran erinnern werden, dass hier einst ein mächtiger Gletscher war.

Meine Gedanken schweifen ab, und noch während sie dem Verschwinden der Gletscher nachhängen, wird mir deutlich bewusst, dass auch mein eigenes Leben just hätte enden können. In den touristisch hektischen Monaten Juli und August lasse ich mich in Grindelwald zuweilen als Bergführerin engagieren. Erst gestern war ich deshalb mit einem Vater und seinem Sohn aus Deutschland unterwegs. Sie wollten über die Normalroute am Südostgrat auf den Mönch. Die Tour auf den Gipfel dieses 4107 Meter hohen Berges ist durch die Bahn, die einen bis auf eine Höhe von 3450 Meter bis zum Jungfraujoch transportiert, in einem Tag machbar, und der Mönch selbst gilt wegen seines relativen Schwierigkeitsgrads als »einfacher Viertausender«. Ich traf die Alpinisten auf dem Jungfraujoch, besprach mit ihnen den Verlauf des Tages, kontrollierte ihre Ausrüstung, dann ging es los.

Zuerst führte uns die Route über den Jungfrau-Firn zum Einstieg des Mönch-Südostgrates, wo wir wegen der vereisten Felsen die Steigeisen an die Bergschuhe montierten. Bereits auf den ersten 150 Höhenmetern verlor der Sohn zweimal sein rechtes Steigeisen, das – wie sich erst unter Belastung herausstellte – seitlich vom Schuh wegrutschte. Ich sagte ihm, dass es unter diesen Umständen viel zu gefährlich sei, weiterzugehen. Da der Vater unbedingt auf den Gipfel wollte, bot der Sohn an, zurückzubleiben und hier auf unsere Rückkehr zu warten. Ich willigte ein, sicherte ihn, informierte andere Bergführer, von denen ich wusste, dass sie ebenfalls am Mönch unterwegs waren, über sein Zurückbleiben und bat sie, ihn runterzuführen, sollten wir nicht in zwei Stunden zurück sein. Dann ging ich mit dem Vater weiter.

Der Firngrat zwischen Vorgipfel und Gipfel war sehr schmal. Wir mussten, wie auf Messers Schneide, vorsichtig einen Fuß nach dem anderen auf dem maximal zwanzig Zentimeter breiten Firn aufsetzen. Rechts und links fiel die Eiswand mehrere hundert Meter lang steil ab. Auf dem Abstieg ließ ich den Vater vor mir hergehen, damit ich jeden einzelnen seiner Schritte im Auge behalten und kontrollieren konnte. Ich führte ihn sehr kurz am Seil, das Führungsseil in der einen Hand, ein paar Seilschlaufen in der anderen Hand, den Pickel griffbereit zwischen Rucksack und linkem Schultertragriemen eingeklemmt. Dann geschah, was man als Bergführer am meisten fürchtet: Der Kunde hängte mit den Frontzacken seines Steigeisens in seiner Hose ein, stolperte und stürzte kopfvoran in die Südwand. Ich habe schon unzählige Stürze von Kunden gehalten. Aber bisher hatte mich das Schicksal von einem Gratsturz bewahrt. Ohne zu zögern, sprang ich auf die andere Gratseite und konnte so den Sturz des Gastes – lediglich verbunden durch das Seil – mit meinem Eigengewicht aufhalten. Dieser baumelte nun auf der einen Gratseite mit dem Kopf nach unten und den Füßen nach oben am Seil. Ich gab ihm rufend von der anderen Gratseite aus klare Anweisungen, wie er sich mithilfe seines Pickels aufrichten und in Position bringen solle. Dann würde ich ihm helfen, gesichert zurück auf den Grat zu steigen. So war es dann auch.

Bevor wir weiter abstiegen, sagte ich nur noch das Allernötigste: »Atme dreimal tief durch!« Ich fragte, ob seine Knie stabil seien. Dann ordnete ich an, den Abstieg konzentriert fortzusetzen, einen Schritt nach dem anderen. Als wir zurück bei seinem Sohn waren, band ich diesen wieder zu uns ans Seil. Zu dritt führten wir den Abstieg fort. Wegen des Sturzes verlor ich kein weiteres Wort. Zwei Stunden später waren wir sicher zurück im Jungfraujoch, wo ich mich von meinen Gästen verabschiedete.

Ich nehme nochmals einen Schluck Kaffee. Gletscher verschwinden. Menschenleben enden. Auch mein Leben hing einige Male an einem seidenen Faden. Aber es scheint, als sei meine Zeit noch nicht gekommen. Das eben Erlebte ist sicher ein nicht alltägliches Beispiel. Die meiste Zeit, die ich als Bergführerin mit Gästen in der Bergwelt verbringe, verläuft reibungslos, ist von Schönheit und Freude geprägt und nährt meine Leidenschaft für diesen außergewöhnlichen Beruf immer wieder aufs Neue.

Mein Blick ist noch immer auf den Gärstengletscher gerichtet. Ich denke an den Mount Everest, jenen Berg, den ich 2001 besteigen und dessen Gipfel ich als erste Schweizer Frau erreichen durfte. Der Mount Everest ist der höchste Berg der Welt. Aber als ich mich 2001 zu ihm aufmachte, war er noch größer als heute. Das bedeutet natürlich nicht, dass er heute weniger Höhenmeter aufweisen würde. Ich meine damit nur, dass er aufgrund der Fixseile und der Hubschrauberrettungen, die mittlerweile auch in großen Höhen durchgeführt werden, »mental« kleiner geworden ist. Fixseile gab es zwar auch schon 2001 bei meiner Gipfelbesteigung. Aber ich wählte damals die noch wenig begangene Nordroute in Tibet, die noch nicht so erschlossen war wie heute die Südroute in Nepal. Das Höhenbergsteigen fand damals noch mehrheitlich unter Bergsteigern statt und kaum unter Touristen. Ich ertappe mich dabei, wie ich mich jetzt schon ein bisschen wehmütig nach der »alten Zeit« zurücksehne und mich dabei alt fühle. Der Everest lehrte mich viel über mich selbst und schenkte mir auch Einsichten, die ich nicht missen möchte. Durch die Konfrontation mit seiner mächtigen Existenz, seiner Höhe, seiner immensen Dimension, den Winden, der Kälte und den Wetterwechseln konnte ich Schwächen wie meine Ungeduld und mein manchmal sehr forderndes Wesen besser erkennen.

Die Expedition zum Südpol gab mir andere, noch tiefere Einblicke in mein Innerstes. Ich lernte, dass ich meine Willenskraft über all die Jahre gut geschult hatte und ich es mit ihr bis ans Ende der Welt schaffen konnte. Sie war mein Antrieb und blieb mir bis zum Schluss treu. Aber die vielen Entbehrungen während der 484 Tage dauernden Reise, die Erschöpfung und die Todesnähe am Schluss der Expedition läuteten nach meiner Rückkehr aus dem Eis eine markante Wende in meinem Leben ein. Nach dem Südpol wurde ich ruhiger. Ich zog mich sukzessive von allem zurück, was mir geistlos erschien. Meine Seele distanzierte sich immer mehr von Oberflächlichem. Dadurch wurde ich offener für die Geschichten und Bedürfnisse anderer Menschen.

Die Vollendung meiner drei Pole war dann die Expedition zum Nordpol, deren vier Etappen insgesamt 105 Tage zählten. Dank ihr konnte ich eine Geschichte zu Ende schreiben, die mich viele Jahre prägte. Ich durfte erneut meinen Stärken begegnen, meiner Kraft und meinem Willen vertrauen. Der Nordpol lehrte mich aber auch, dass diese Kräfte nicht unendlich sind. Er ließ mich meinen eigenen Stolz besiegen und half mir dabei, ein Ziel auf eine Weise zu erreichen, die mein Körper zulässt. Die Begegnung mit dem Bären war ein schöner Moment, der tragisch endete. Dass ich den Schuss nicht verhindern konnte, werfe ich mir heute noch vor. Hätte ich mich vor die Waffe stellen müssen? Wie hätte die Geschichte dann geendet? Ich weiß es nicht.

Fast sechzehn Jahre liegen zwischen meiner Ankunft auf dem Mount Everest und am Nordpol. Dieser Zeit gingen zwei Jahrzehnte voraus, die stark durch einen inneren Antrieb geprägt waren. Ganz am Anfang stand mein Wunsch, an immer schwierigeren Aufgaben zu wachsen. Diese Erfahrungen brachten mich mit den Bergen in eine tiefe Verbundenheit, die sich auf mentaler Ebene weiterentwickelte. So lange, bis die Bereitschaft erwachte, die eigenen Grenzen auszuloten und sie mit einer bejahenden Haltung bis an die Schmerzgrenze auszudehnen. Meine Expeditionen zu den drei Polen ermöglichten mir einen tiefen Einblick in meinen Körper, meinen Geist und meinen Charakterkern. Aber nicht nur das. Ich bekam durch die Grenzgänge Einblick in die Vorgänge der Emotionen, der Ängste, der Zweifel, der Mutlosigkeit und der Motivationslosigkeit. Manchmal sogar in die Hoffnungslosigkeit. Doch nur durch all diese Erfahrungen war mir auch die andere Seite des Empfindens möglich geworden. Die überbordende Freude, das Glück, das Staunen und Bewundern – das Gefühl, vor lauter Glückseligkeit sterben zu können.

Ich bin auf jeder meiner Reisen ein Teil jenes Landes geworden, auf das ich meine Füße gesetzt, dessen Luft ich geatmet, dessen Wasser ich getrunken und dessen Früchte ich gekostet habe. Ich bin ein Teil jener Erde geworden, vor deren Kälte ich mich geschützt, gegen deren Wind ich gekämpft und gegen deren Gefahren ich mich gewappnet habe. Mit jedem Tag, an dem ich mit dieser gewaltigen Natur, mit diesen fremden Welten vertrauter wurde, bin ich ein Teil von ihnen geworden.

Trotzdem war ich mir kurz nach meiner Rückkehr vom Nordpol sicher: Keine weiteren Expeditionen mehr! Nicht an den Everest, nicht an den Südpol, nicht an den Nordpol und ganz sicher auch nicht mehr nach Hollywood. Der Tod meines Bergsteigerkollegen Ueli Steck, der verletzte Bär, die ganze Wucht des Erlebten – ich war noch nicht wirklich daheim angekommen und innerlich sehr aufgewühlt.

Mittlerweile habe ich mich wieder in meinen Alltag eingefügt. Ich halte Referate, schreibe dieses Buch und führe Gäste durch die wunderschöne Bergwelt. Es geht mir gut. Heute weiß ich: Ich bin Evelyne Binsack, Bergführerin und Abenteurerin. Ich bin Pilgerin und Nomadin, eine Grenzgängerin.

Deshalb werde ich wieder aufbrechen.

Immer wieder.

EVELYNE BINSACK, die im Berner Oberland lebt, arbeitet als Bergführerin und ist eine gefragte Referentin im In- und Ausland. In ihren Vorträgen geht es um ihre Vorhaben und ihre Passion, aber auch um Themen wie Risikomanagement, Selbstführung und Zielverwirklichung. www.binsack.ch